Princípios do Conhecimento Humano

Título original: *A Treatise Concerning the Principles of Human Knowledge*

Direção Editorial Ethel Santaella
Coordenação Editorial Ciro Mioranza
Tradução André Campos Mesquita
Revisão Luciana Duarte / Entrelinhas Editorial
Design de capa Helena Salgado
Diagramação Kelven Frank

Dados Internacionais de Catalogação na Publicação (CIP)
(eDOC BRASIL, Belo Horizonte/MG)

B512p

Berkeley, George, 1685-1753.
Princípios do conhecimento humano / George Berkeley; tradução André Campos Mesquita. – São Paulo, SP: Lafonte, 2025.
112 p. : 15,5 x 23 cm

Título original: *Treatise Concerning the Principles of Human Knowledge*
ISBN 978-65-5870-636-6 (Avulsa)
ISBN 978-65-5870-635-9 (Coleção)

1. Filosofia inglesa. 2. Teoria do conhecimento. 3. Empirismo. 4. Idealismo inglês. I. Mesquita, André Campos. II. Título.

CDD 192

Elaborado por Maurício Amormino Júnior – CRB6/2422

Editora Lafonte

Av. Profª Ida Kolb, 551, Casa Verde, CEP 02518-000, São Paulo-SP, Brasil
Tel.: (+55) 11 3855-2100, CEP 02518-000, São Paulo-SP, Brasil
Atendimento ao leitor (+55) 11 3855-2216 / 11 – 3855-2213 – atendimento@editoralafonte.com.br
Venda de livros avulsos (+55) 11 3855-2216 – vendas@editoralafonte.com.br
Venda de livros no atacado (+55) 11 3855-2275 – atacado@escala.com.br

GEORGE BERKELEY

Princípios do Conhecimento Humano

Texto integral

Tradução
André Campos Mesquita

Lafonte

2025 * Brasil

ÍNDICE

Ao Justamente Honorável THOMAS EARL DE PEMBROKE ETC.

Cavaleiro da Mui Nobre Ordem do

GARTER, e um dos Lordes do Mui Honorável

CONSELHO PRIVADO DE SUA MAJESTADE, MEU SENHOR[1]

Quem sabe lhe parecerá estranho que uma pessoa humilde, que não teve a honra de conhecer Vossa Senhoria, atreva-se a lhe dirigir a palavra desta maneira. Mas se um homem escreve algo com a intenção de promover no mundo o conhecimento útil e a religião, escolha o protetorado de Vossa Senhoria, não parecerá estranho para alguém, que esteja de algum modo familiarizado com o estado presente da Igreja e do conhecimento e que não ignore quão grande ornamento e apoio Vossa Senhoria é para ambos. No entanto, nada me teria induzido a oferecer-lhe este pobre presente de minhas humildes deliberações, se eu não tivesse sido animado por esse candor e bondade naturais que constituem o aspecto mais brilhante do caráter de Vossa Senhoria.

A isso adicionarei, senhor meu, que o favor extrausual e generosidade que Vossa Senhoria mostra para com nossa Sociedade[2], deu-me esperanças de que não recusaria examinar os estudos de um de seus membros. Essas considerações me levaram a depositar o presente tratado aos pés de Vossa Senhoria. E, sobretudo, o desejo de comunicar-lhe que sou, com o mais verdadeiro e profundo respeito, e por razão da sabedoria e a virtude que tão justamente o mundo admira em Vossa Senhoria,

Seu mais humilde e mais dedicado servidor.

George Berkeley

PREFÁCIO[3]

O que aqui agora faço público me pareceu, depois de longo e escrupuloso escrutínio, evidentemente verdadeiro. E não estimo inútil que seja conhecido, especialmente por aqueles que estão tocados pelo ceticismo ou carecem de uma demonstração em favor da existência e imaterialidade de Deus ou da imortalidade natural da alma. Seja como for, eu me contentarei com que o leitor o examine imparcialmente.

De fato, só me preocupa o bom êxito do que escrevi, na medida em que se ajuste à verdade. Mas com o objetivo de que esta não sofra, rogo ao leitor que suspenda seu juízo até que, pelo menos, tenha lido tudo uma vez com o grau de atenção e de raciocínio que o assunto pareça requerer.

Como há algumas passagens que, tomadas em separado – e não poderia isso se remediar –, são muito suscetíveis a serem mal interpretadas, é possível que me acusem de estar dando lugar às mais absurdas consequências.

Uma vez que se complete a leitura, contudo, ver-se-á que ditas consequências não se podem deduzir. É, assim mesmo, muito provável que, ainda que o livro seja lido em sua totalidade, se isso se faz superficialmente, entenda-se mal o que quero dizer.

No entanto, creio que a um leitor sensato lhe parecerá claro e óbvio o que digo, desde o princípio até o fim.

Quanto às características de novidade e singularidade que algumas das noções que se seguem podem levar consigo, isso é algo pelo que espero não precisar desculpar-me.

Será, certamente, uma pessoa muito débil, ou muito pouco familiarizada com as ciências, a que recuse uma verdade demonstrável, só porque é nova e contrária aos preconceitos da humanidade.

E isso é tudo o que tenho a dizer como preâmbulo, a fim de prevenir na medida do possível as censuras de um tipo de homem que sempre está demasiado disposto a condenar uma opinião antes de entendê-la corretamente.

Introdução

1. Não sendo a filosofia outra coisa que o estudo do conhecimento e da verdade, poderia com certeza esperar-se dos que dedicaram a ela mais tempo e esforço desfrutem de uma maior clareza e serenidade mental e de maior entendimento e evidência do conhecimento do que os demais homens, e que se encontrassem assediados por menos dúvidas e dificuldades do que estes.

No entanto, vemos que a grande massa inculta da humanidade que transita pelo longo caminho do mero senso comum e que se governa pelos ditados da natureza, vive geralmente sossegada e calma. Não se queixa de nenhuma falta na evidência que lhe proporcionam os sentidos, e está livre do perigo de converter-se ao ceticismo. Mas quando nos distanciamos dos sentidos e do instinto para seguir a luz de um princípio superior, a razão, e meditamos e refletimos sobre a natureza das coisas, mil escrúpulos surgem em nossa mente no que se refere a essas coisas que antes nos pareciam totalmente compreensíveis.

Preconceitos e erros de sentido estão presentes em toda parte; e quando tratamos de corrigi-los mediante o uso da razão, sem nos dar conta vemo-nos arrastados a estranhos paradoxos, dificuldades e inconsistências que se multiplicam conforme avançamos em nossas especulações. E a tal ponto é isso assim, que depois de ter deambulado por intrincados labirintos, encontramo-nos no mesmo lugar onde estávamos ao princípio, ou, o que é pior, numa situação de ceticismo irremediável.

2. Pensa-se que a causa disso é mesmo a obscuridade das coisas ou a natural debilidade e imperfeição de nossos entendimentos.

Diz-se que as faculdades que temos são muito poucas e que as que nos são concedidas estão só dirigidas a nos dar apoio e bem-estar vitais, e não a penetrar na íntima essência e constituição das coisas. Ademais, como a mente do homem é finita, quando trata de coisas que fazem parte da *infinitude*, não é de se estranhar que caia em absurdos e contradições, das quais será impossível sair, pois é da natureza do infinito o não poder ser compreendido pelo que é finito.

3. Mas talvez estejamos sendo demasiado injustos conosco ao culpar originalmente nossas faculdades, em vez de o mau uso que fazemos delas. É extremamente improvável supor que uma série de deduções corretas, derivadas de princípios verdadeiros, levem-nos sempre a conclusões que não se possa sustentar nem sejam consistentes. Deveríamos crer que Deus se comportou mais generosamente com os homens e que não se limitou a pôr neles um forte desejo de adquirir conhecimentos que estão completamente fora de seu alcance.

Isso não estaria em consonância com os habitualmente indulgentes métodos da providência, que, ao colocar nas criaturas uma série de apetites, costuma satisfazê-los quando se faz uso de meios que, utilizados corretamente, não deixarão de servir ao seu propósito. Inclino-me a pensar que, em geral, quase todas ou todas as dificuldades que até agora entretiveram os filósofos e os impediram avançar pelo caminho do conhecimento, devem-se inteiramente a nós mesmos. Somos nós os que levantamos a poeira e depois nos queixamos dizendo que não podemos ver.

4. Meu propósito é, portanto, tratar de descobrir quais são esses princípios que deram lugar a todas essas dúvidas e incertezas e que introduziram esses absurdos e contradições nas diversas correntes filosóficas, até o ponto que inclusive os homens mais sábios chegaram a pensar que nossa ignorância é incurável e que surge da incapacidade natural e da limitação de nossas faculdades.

É, certamente, um trabalho que vale a pena, é preciso levar a cabo uma estrita investigação a respeito dos primeiros princípios do *conhecimento humano*, a fim de analisá-los e examiná-los em todos seus aspectos, já que pode haver algum fundamento para suspeitar que esses obstáculos e dificuldades que estorvam e impedem a mente na sua busca da verdade, não surgem de nenhuma escuridão e complexidade intrínseca aos objetos, nem de um defeito natural de entendimento, mas muito mais de falsos princípios que foram aceitos e que poderiam ter sido evitados.

5. Quando penso sobre quantos foram os homens insignes e extraordinários que me precederam num empenho assim, vejo o quão difícil e desalentadora pode parecer minha tentativa. No entanto, tenho algumas esperanças quando considero que as visões mais amplas não são sempre as mais claras e que, quem sabe, uma visão mais fraca nos obriga a aproximarmo-nos mais dos objetos, talvez facilite a distinguir, por meio acurado e próximo escrutínio o que escapou à consideração de olhos mais bem dotados.

6. A fim de preparar a mente do leitor para que este compreenda melhor o que segue, parece-me apropriado, como introdução, dizer algo que se refere à natureza e ao abuso da linguagem. Mas o tratamento desse assunto me leva a antecipar em alguma medida meu plano, por se tratar do que parece ter sido a origem principal da dúvida e da especulação e que ocasionou inumeráveis erros e dificuldades em quase todos os ramos do conhecimento. Estou me referindo à opinião de que a mente tem o poder de formar *ideias abstratas* ou noções de coisas.

Quem está familiarizado com os escritos e as disputas dos filósofos terá de admitir que não são poucas as disputas em que se discute incansavelmente a respeito das ideias abstratas.

Pensa-se que estas são, muito especialmente, o objeto das ciências que recebem o nome de *lógica* e de *metafísica*, e de tudo aquilo que se estima como conhecimento mais abstrato e sublime. Nesse tipo de ciência, será difícil encontrar alguma questão que não seja tratada conforme essas ideias abstratas existem na mente e segundo a mente esteja familiarizada com elas.

7. Todos concordam que as qualidades ou modalidades das coisas não existem cada uma por si, separadas de todas as demais, mas que estão misturadas ou, por assim dizer, fundidas num mesmo objeto.

Mas se nos dizem que a mente, ao ser capaz de considerar cada qualidade independente, isto é, abstraída das outras qualidades com as quais está unida, pode assim formar ideias abstratas.

Por exemplo, suponhamos que percebemos com a visão um objeto extenso, colorido e móvel; esta ideia misturada ou composta é resolvida pela mente nas partes simples que a constituem; e ao fixar-se a mente em cada uma delas com exclusão das demais, formam-se as ideias abstratas de extensão, cor e movimento. Não é possível que a cor ou o movimento existam sem a extensão; só se diz que a mente pode formar-se para si, por *abstração*, a ideia de cor, excluindo a extensão, e a ideia de movimento, excluindo a cor e a extensão.

8. Assim mesmo, quando a mente observa que nas extensões particulares percebidas pelo sentido há algo que é comum e semelhante a todas elas, e outra coisa que é peculiar a cada uma, como uma determinada figura ou magnitude, e que as distingue entre si, considera distinto, ou separa dos demais aquilo que é comum, formando com isso uma ideia abstrata da extensão, a qual não é nem uma linha, nem uma superfície, nem um sólido, nem tem uma figura ou magnitude particular, mas que prescindiu por completo de todas essas particularidades.

Do mesmo modo, quando a mente deixa de lado as cores particulares percebidas pelo sentido, conservando somente o que é comum a todos; forma-se uma ideia de cor em abstrato, a qual não é nem vermelha, nem azul, nem branca, nem de nenhuma outra cor determinada.

E do mesmo modo, ao considerar o movimento como algo abstrato, não só do corpo que se move, mas também da trajetória particular que descreve e de todas as direções e velocidades particulares, forma-se a ideia abstrata de movimento, a qual corresponde igualmente a todos os movimentos particulares que se possam perceber com o sentido.

9. E assim como a mente forma para si mesma ideias abstratas de qualidades ou de modos, também consegue atingir, mediante a mesma precisão ou separação mental, ideias abstratas dos seres mais complexos, os quais incluem várias qualidades coexistindo umas com outras. Por exemplo: quando a mente observa que Pedro, Jaime e João se assemelham entre si em virtude de certas similitudes de figura e de outras qualidades, deixa de lado a ideia complexa ou composta que tem de Pedro, de Jaime, ou de qualquer outro homem em particular, e retém unicamente o que é comum a todos.

E dessa maneira se forma uma ideia abstrata da qual todos os indivíduos particulares participam igualmente, ao abandonar todas aquelas circunstâncias ou diferenças que possam determiná-los a existência de uma maneira particular. E se diz que, desse modo, chegamos à ideia abstrata de *homem* ou, se se preferir, de *humanidade* ou de *natureza humana*. Numa ideia assim, fica certamente incluída a cor, pois não há nenhum homem que não tenha alguma cor; mas não será nem branco, nem negro, nem de nenhuma outra cor em particular, pois não há nenhuma cor particular da qual todos os homens participem.

Também ficará incluída a estatura nessa ideia; mas não será uma estatura alta, nem baixa, nem média, mas uma estatura que faça abstração de todas as estaturas particulares. E o mesmo para o resto. E mais ainda, como há uma grande variedade de criaturas que participam em algo, ainda que não em tudo, do que corresponde à ideia complexa de homem, a mente, deixando fora aquelas partes que são próprias dos homens e retendo somente as que são comuns a todas as criaturas viventes, forma-se a ideia de *animal*, a qual faz abstração, não só de todos os homens particulares, mas também de todas as aves, bestas, peixes e insetos.

As partes constitutivas da ideia abstrata de animal são corpo, vida, sentido e movimento espontâneo. Por *corpo* entendemos corpo sem forma ou figura particular, pois não há forma ou figura que seja comum a todos os animais; e sem cobertura de cabelo, ou de plumas, ou de escamas etc., mas também não totalmente nu. O cabelo, as plumas, as escamas e a nudez são propriedades que distinguem uns animais particulares de outros; e, por isso, ficam fora da ideia abstrata.

Por essa razão, o movimento espontâneo não deve ser nem um andar, nem um voar nem um rastejar, ainda que seja um movimento; no entanto, que tipo de movimento será esse, não é fácil de se conceber.

10. Se outros têm essa maravilhosa faculdade de abstrair suas ideias, é coisa que eles poderão dizer melhor do que ninguém. Pelo que me diz respeito, posso dizer, certamente, que possuo a faculdade de imaginar ou de representar ideias de coisas particulares que percebi e das outras variadas que resultam de combinações e divisões. Assim, posso imaginar um homem com duas cabeças, ou a parte superior de um homem unida a um corpo de cavalo.

Posso também considerar a mão, o olho e o nariz em separado, isto é, fazendo abstração do resto do corpo. Mas sempre que imagino uma mão ou um olho, estes têm de ter forma e cor particulares. Do mesmo modo, a ideia de homem que eu formo tem de ser sempre a de um homem branco, ou negro, ou bronzeado, ou direito, ou torto, ou alto, ou baixo, ou de média estatura. Por mais esforços que faça, não posso conceber uma ideia abstrata como a descrita anteriormente. E a mim é igualmente impossível formar uma ideia de um movimento que esteja separado do corpo que se move e que não seja nem rápido, nem lento, nem curvilíneo nem retilíneo.

E poderia dizer o mesmo de todas as demais ideias abstratas, quaisquer que estas sejam. Para ser claro, reconheço que posso abstrair num sentido, como quando considero algumas partes ou qualidades particulares separadas de outras que, ainda que de fato se unam em algum objeto, é possível que possam existir sem elas. Mas nego possuir a faculdade de abstrair ou de conceber separadamente qualidades que lhes seria impossível existir separadas dessa maneira; nego, assim mesmo, que eu possa formar uma noção geral fazendo abstração dos particulares segundo o modo mencionado.

E são estas duas últimas as acepções mais próprias do termo abstração. Há fundamento para pensar que a maioria dos homens reconheceria estar em meu caso. A generalidade dos homens que são singelos e pouco ilustrados, jamais pretenderam ter noções abstratas. Diz-se que estas são difíceis de obter e que não podem atingir-se sem esforço e estudo. Teremos, pois, de concluir, em boa lógica, que estão reservadas somente aos doutos.

11. Procedo agora a examinar o que pode alegar-se em defesa da doutrina da abstração, e tratarei de descobrir o que inclina os homens de pensamento a abraçar uma opinião tão separada do que parece ser o senso comum. Houve nestes últimos tempos um filósofo justamente tido em alta estima, que deu muito apoio a essa opinião, ao pensar que é precisamente ter ideias gerais abstratas o que estabelece a mais drástica diferença, no que se refere ao entendimento, entre o homem e a besta[4].

> Ter ideias gerais [diz ele] é o que introduz uma perfeita distinção entre o homem e os brutos, e é uma excelente faculdade que os brutos não podem atingir de modo algum. Pois é evidente que não observamos neles o menor traço de fazer uso de signos gerais para ideias universais; podemos com certeza imaginar que não têm a faculdade de abstrair ou de fabricar ideias gerais, pois carecem do uso das palavras ou de outros signos gerais.

E um pouco mais abaixo:

> Portanto, creio que podemos supor que é nisto que as espécies animais diferem dos homens; e é essa diferença que os separa totalmente e que estabelece entre eles tão grande distância. Pois se os brutos têm ideias e não são simples máquinas (como alguns pretendem) não poderemos negar-lhes alguma dose de razão. Para mim, é evidente que alguns raciocinam em circunstâncias determinadas, bem como é evidente que gozam de sentidos.
>
> Mas só raciocinam com ideias particulares, tal como as recebem dos sentidos. Até os animais mais superiores estão impedidos por esses estreitos limites e não têm (segundo penso) a faculdade de alargá-los mediante nenhum tipo de *abstração*. (*Ensaio sobre o entendimento humano*, Livro 2, Capítulo 11, Seções 10 e 11).

Estou totalmente de acordo com esse ilustre autor em que as faculdades dos brutos não podem de modo algum atingir a *abstração*.

Mas se disso se faz a propriedade distintiva desses tipos de animais, temo que muitos dos que passam por homens teriam de ser contados entre as bestas. A razão que se dá para explicar por que não temos fundamento para pensar que os brutos têm ideias gerais abstratas, é que não observamos neles o uso das palavras nem outros sinais genéricos.

Isso se baseia no fato de que o fazer uso das palavras implica ter ideias gerais. Disso segue-se que os homens que fazem uso da linguagem são capazes de abstrair ou generalizar suas ideias. Que este é o sentido do argumento de nosso autor, ficará evidenciado ainda mais em seu modo de responder à pergunta que ele mesmo se propõe em outra passagem: "Se todas as coisas que existem são particulares, como chegamos a termos gerais?" E sua resposta é: "As palavras vêm a ser gerais ao se fazer delas signos de ideias gerais", (*Ensaio sobre o entendimento humano,* Livro 3, Capítulo 3, Seção 6). Mas parece que uma palavra deve ser geral quando se faz dela o signo, não de uma ideia geral abstrata, mas de várias ideias particulares, qualquer das quais, indiferentemente, é sugerida à mente por dito signo.

Por exemplo, quando se diz que a mudança de movimento é proporcional à força impressa, ou que tudo aquilo que tem extensão é divisível, essas proposições têm de ser entendidas no movimento e na extensão em geral; e, no entanto, não se seguirá disso que estejam sugerindo em meus pensamentos uma ideia de movimento sem um corpo que se move e sem uma determinada direção e velocidade, ou que eu deva conceber uma ideia geral abstrata de uma extensão que não seja nem uma linha, nem uma superfície, nem um sólido, e que não seja nem grande, nem pequena, nem branca, nem negra, nem vermelha, nem de nenhuma outra cor determinada. Apenas implica que, qualquer movimento que eu conceba, seja este rápido, lento, perpendicular, horizontal ou oblíquo, o axioma que a ele se refere segue sendo verdadeiro. Ocorre o mesmo com o outro axioma aplicado a cada extensão particular, trate-se de uma linha, de uma superfície ou de um sólido, independentemente de sua magnitude ou forma.

12. Mediante a observação de como as ideias vêm a ser gerais, poderemos julgar melhor como assim se fazem as palavras.

Note-se que eu não nego absolutamente que haja ideias gerais, apenas nego que haja ideias gerais abstratas; pois nas passagens citadas, quando se faz menção a ideias gerais, sempre se supõe que se formam por abstração, do modo como foi exposto nas Seções 8 e 9. No entanto, se quisermos dar um significado a nossas palavras e falar somente do que podemos conceber, creio que admitiremos que uma ideia que, considerada em si mesma particular, se torna geral ao fazer que represente ou simbolize todas as demais ideias particulares da mesma classe.

Para esclarecer isso mediante um exemplo, suponhamos que um geômetra esteja demonstrando o método de cortar uma linha em duas partes iguais. Esse geômetra desenha, por exemplo, uma linha preta de uma polegada de comprimento; dita linha, que em si mesma é particular, é, no entanto, geral com respeito ao que ela significa; pois, tal como é aqui utilizada, representa todas as demais linhas particulares, quaisquer que estas sejam.

Desse modo, o que é demonstrado com referência a ela é demonstrado também para todas as demais linhas ou, em outras palavras, para uma linha em geral. E assim como essa linha particular se converte em geral ao se fazer dela um signo, assim também o nome de linha, que tomado em absoluto é particular, faz-se geral ao ser um signo.

E do mesmo modo que a primeira deve sua generalidade, não a ser signo de uma linha abstrata ou geral, mas de todas as linhas retas particulares que possam existir, assim também deve pensar-se que no segundo caso deriva sua generalidade da mesma causa, isto é, das variadas linhas particulares que denota, sem marcar diferença entre elas.

13. Para dar ao leitor uma visão ainda mais clara da natureza das ideias abstratas e dos usos para os que se estima necessários, adiciono mais uma passagem do *Ensaio sobre o entendimento humano:*

> As ideias abstratas não são tão óbvias ou fáceis para as crianças ou para aquelas mentes que ainda se acham pouco exercitadas, como as ideias particulares. E se parecem sê-lo para os homens adultos, é só pelo uso constante que fazem delas.
>
> Mas quando refletimos cuidadosamente sobre as ideias gerais, descobrimos que estas são ficções ou artifícios mentais que implicam dificuldade e que não se nos oferecem tão facilmente como poderíamos imaginar. Por exemplo: não requer um verdadeiro grau de esforço e habilidade formar a ideia geral de triângulo (que não é uma das mais abstratas, compreensivas e difíceis)? Pois não tem de ser a ideia de um triângulo equilátero, nem isósceles, nem escaleno, mas a de todos e nenhum ao mesmo tempo. Efetivamente, trata-se de algo imperfeito que não pode existir, uma ideia em que algumas partes de várias ideias diferentes e incompatíveis entre si se conjugam.
>
> Verdade é que a mente, neste imperfeito estado seu, precisa de ideias assim e recorre a elas quanto pode, por conveniências de comunicação e para aumentar o conhecimento, coisas ambas às quais se vê naturalmente inclinada. Contudo, alguém pode ter suficientes razões para suspeitar que tais ideias são sintoma de nossa imperfeição. Pelo menos, isso é suficiente para mostrar que as ideias mais abstratas e gerais não são aquelas com as quais a mente está num princípio mais familiarizada, nem são as que manejamos nas primeiras etapas do conhecimento (Livro 4, Capítulo 7, Seção 9).

Se um homem possui a faculdade de formar na mente uma ideia de triângulo como a que ficou descrita, em vão trataríamos de contestá-la, nem eu tentaria fazê-lo.

Tudo o que desejo é que o leitor relate a si mesmo, completa e inequivocamente, se tem ou não tem uma ideia assim. E é esta, parece-me, uma tarefa que a ninguém será difícil levar a cabo. Nada poderia ser mais fácil a uma pessoa do que entrar um pouco em seus próprios pensamentos e ver se tem ou pode conseguir ter uma ideia geral que corresponda à descrição que aqui se dá de triângulo, isto é, de um triângulo que não seja nem oblíquo, nem retângulo, nem equilátero, nem isósceles, nem escaleno, mas todos e nenhum destes ao mesmo tempo.

14. Muito se diz aqui da dificuldade que as ideias abstratas trazem consigo e do esforço e habilidade para formá-las. E todos estão de acordo quanto à necessidade de um grande trabalho da mente para emancipar nossos pensamentos dos objetos particulares e elevá-los a essas sublimes especulações. De tudo isso parece deduzir-se naturalmente que coisa tão difícil como a formação de ideias abstratas não foi necessária para a comunicação, que é tão fácil e familiar a todos os homens. Mas se as noções abstratas são óbvias e fáceis para as pessoas adultas, é porque seu uso constante e habitual as fez assim. No entanto, gostaria de saber em que momento de vida os homens se empenham na superação dessa dificuldade e conseguem prover-se dessa ajuda que lhe é necessária para o discurso.

Não poderia ser quando já são adultos, pois parece que nessa idade não são conscientes de estar fazendo tamanhos esforços; deve ser, portanto, algo que tem lugar durante sua infância. Mas, certamente, a grande e múltipla tarefa de formar noções abstratas tem de parecer-nos demasiado complicada para tão tenra idade.

Não nos seria difícil imaginar que a dois meninos fosse impossível falar a respeito de seus doces, dos sabores e de todos seus demais usos, a não ser que tivessem conseguido primeiro compartilhar inumeráveis inconsistências e formar-se na mente criações gerais abstratas, vinculando-as depois a todo nome comum do que fizessem uso em sua conversa?

15. Não creio tampouco que essas ideias abstratas sejam nem um pouco mais necessárias para o aumento do conhecimento que para a comunicação. Sei muito bem que se insiste em que todo conhecimento e demonstração se referem a noções gerais; e estou totalmente de acordo com isso. No entanto, não me parece que essas noções tenham sido formadas por abstração da maneira que ficou indicada. A universalidade, segundo consigo compreendê-la, não consiste na absoluta positiva natureza ou concepção de algo, mas na relação que ela estabelece com os particulares que representa ou significa; e em virtude disso, as coisas, os nomes e as noções, ainda sendo por si particulares, tornam-se universais.

Assim, quando demonstro um teorema sobre os triângulos, tem de supor-se que se refere à ideia universal de triângulo, o que não quer dizer que eu possa formar a ideia de um triângulo que não seja nem equilátero, nem escaleno, nem isósceles, mas que o triângulo particular que considero, independentemente do tipo que seja, simboliza e representa todos os triângulos retilíneos, quaisquer que estes sejam, e que, nesse sentido, é universal. Isso é extremamente claro e não implica a menor dificuldade.

16. Mas pode-se aqui perguntar: Como saber se uma proposição é verdadeira para todos os triângulos particulares, a não ser que a tenhamos visto primeiro demonstrada na ideia abstrata de triângulo que se refere igualmente a todos? Pois ainda que uma propriedade possa ser demonstrada para tal ou qual triângulo em particular, disso não se segue que seja também aplicável a qualquer outro triângulo que não seja exatamente igual. Por exemplo, tendo demonstrado que a soma dos três ângulos de um triângulo isósceles-retangular equivale a dois retos, não posso concluir que isso seja também verdade para todos os demais triângulos que não têm nem um ângulo reto nem dois lados iguais.

Parece, portanto, que para nos assegurar de que essa proposição seja universalmente verdadeira, teremos de fazer uma demonstração para cada triângulo particular, o que é impossível, ou basear a demonstração unicamente na ideia abstrata de um triângulo na qual participem igualmente todos os triângulos particulares, e mediante a qual sejam todos eles igualmente representados. A isso respondo: ainda que ao fazer a demonstração eu tenha em mente, por exemplo, a ideia de um triângulo isósceles retangular cujos lados são de uma medida determinada, posso, no entanto, estar seguro de que a dita demonstração se estende a todos os demais triângulos retilíneos, independentemente de sua classe e de seu tamanho. E isso, em virtude de nem o ângulo reto, nem a igualdade dos lados, nem sua medida determinada terem uso na demonstração.

É verdade que o diagrama que tenho em mente inclui todos esses particulares; mas não faço a menor menção a eles quando provo a proposição. Pois na prova não se diz que os três ângulos equivalem a dois retos porque um deles é um ângulo reto ou porque os lados entre os quais está compreendido são da mesma medida.

Isso mostra que esse ângulo reto poderia muito bem ter sido oblíquo, e que os lados poderiam ter sido desiguais, sem que por isso a demonstração deixasse de ser válida. E por essa razão, e não porque eu tenha demonstrado a proposição baseando-me na ideia abstrata de triângulo, concluo que o que demonstrei para um particular triângulo isósceles retangular é verdadeiro para qualquer outro triângulo, seja de ângulo oblíquo ou escaleno.

[Deve-se fazer notar que um homem poderá considerar uma figura meramente como triangular, sem fixar-se nas qualidades particulares dos ângulos ou nas relações particulares entre os lados. Até aqui se pode abstrair; mas isto não provará nunca que se possa formar uma inconsistente, abstrata ideia geral de triângulo. De maneira semelhante, poderemos considerar Pedro como homem ou como animal, sem formular para isso a ideia abstrata de homem ou de animal, e só na medida em que não consideremos tudo o que percebemos][5].

17. Uma tarefa interminável, além de inútil, seria seguir os escolásticos, grandes maestros da abstração, ao longo dos múltiplos e inextricáveis labirintos de erros e disputas ao que parece tê-los levado sua doutrina das naturezas e das noções abstratas. As disputas e controvérsias, a poeira acadêmica que se levantou em torno dessas matérias e as grandes vantagens que a humanidade obteve com tudo isso são, nos dias de hoje, assuntos demasiado bem conhecidos para que haja necessidade de se insistir sobre eles. Teria sido bom se os maus efeitos de tais doutrinas tivessem afetado somente a quem mais devotadamente se entregou a elas.

Quando os homens consideram os grandes esforços, o trabalho e o talento que durante tantos séculos foram empregados no cultivo e progresso das ciências e que, apesar de tudo, a grande maioria delas permaneceu rodeada de escuridão e incerteza; e quando as disputas científicas parecem não ter fim e que aquelas ciências que parecem estar apoiadas pelas mais claras e convincentes demonstrações, contêm paradoxos que são absolutamente irreconciliáveis com o entendimento dos homens e que, tomadas em conjunto, só umas poucas proporcionam à humanidade um real benefício que não seja meramente o de tentar uma inocente diversão e entretenimento, a consideração de tudo isso, digo, põe os homens no ponto de perder a esperança e de desprezar completamente qualquer tipo de estudo. Mas quem sabe isso possa ser impedido, denunciando os falsos princípios que têm prevalecido no mundo, entre os quais, segundo penso, não há nenhum que tenha influído mais sobre os pensamentos dos homens especulativos do que este das ideias gerais abstratas.

18. E agora que me ponho a considerar qual possa ser a fonte dessa noção hoje prevalecente, parece-me que é a linguagem. Certamente, nada de menos amplitude do que a razão mesma poderia ter sido a origem de uma opinião tão universalmente aceita. A verdade disso se faz patente, além de por outras razões, pela aberta confissão dos mais agudos defensores das ideias abstratas, os quais reconhecem que estas foram feitas a fim de dar nomes. Clara consequência disso é que, se não tivesse tido discurso como a linguagem ou os signos universais, jamais se teria pensado na abstração. Veja Livro 3, Capítulo 6, Seção 39 e outras passagens do *Ensaio sobre o entendimento humano*. Examinemos, portanto, o modo pelo qual as palavras contribuíram para a origem desse erro.

Em primeiro lugar, pensou-se que cada nome tem, ou deveria ter um único, preciso e estabelecido significado o qual inclina os homens a pensar que há certas ideias abstratas, determinadas que constituem o verdadeiro e único significado imediato de cada nome geral, e que é por mediação dessas ideias abstratas que um nome geral chega a significar alguma coisa particular. No entanto, a verdade é que não há um significado preciso e definido ligado a nome geral algum, pois todos os nomes significam indiferentemente um grande número de ideias particulares. Tudo isso poderá deduzir-se claramente do que já se disse e será manifesto a qualquer um que reflita um pouco. A isto se poderá objetar que cada nome que tenha uma definição será por ela restringido a possuir um verdadeiro significado determinado. Por exemplo, um triângulo é definido como uma superfície plana limitada por três linhas retas; e em virtude desta definição, esse nome se limitará a denotar uma verdadeira ideia, e não outra.

A isso respondo que na definição não se diz se a superfície tem de ser grande ou pequena, preta ou branca, nem se os lados têm de ser longos ou curtos, iguais ou desiguais, nem que inclinação têm de ter os ângulos que formam entre si. Em tudo isso pode haver uma grande variedade; e, em consequência, não há uma ideia estabelecida que limite o significado da palavra triângulo. Uma coisa é conservar sempre um mesmo nome para uma mesma definição, e outra coisa é fazer que represente sempre a mesma ideia: a primeira é necessária; a segunda é inútil e impraticável.

19. Mas a fim de explicar com mais detalhe como chegaram as palavras a produzir a doutrina das ideias abstratas, deve-se observar que é uma opinião aceita que a linguagem não tem outra finalidade que a de comunicar nossas ideias e que cada nome que tem significado representa uma ideia. Sendo assim e sendo também verdadeiro que aqueles nomes que não estão completamente desprovidos de significado nem sempre denotam concebíveis ideias particulares, concluiu-se de imediato que representam noções abstratas. Que há muitos nomes que se usam entre os homens especulativos e que nem sempre sugerem a outros homens criações particulares determinadas, é algo que ninguém negará.

E se prestarmos um pouco de atenção, descobriremos que (inclusive nos raciocínios mais estritos) não é necessário que aqueles nomes significativos que representam ideias tenham que suscitar no entendimento, sempre que sejam utilizados, as ideias para cuja representação foram criados. Ao ler e ao raciocinar, os nomes costumam ser usados como se usam as letras em álgebra, disciplina em que, embora cada letra designe uma quantidade particular, não é um requisito necessário para proceder corretamente que cada letra suscite em nosso pensamento, em cada passo dado por este, a quantidade particular cuja representação lhe foi atribuída a cada uma de ditas letras.

20. Ademais, contrariamente ao que se costuma supor, a comunicação de ideias designadas por palavras não é nem a única nem a principal finalidade da linguagem.

Tem este outros fins, como o de suscitar alguma paixão, animar ou desanimar em realizar alguma ação, conferir à mente alguma disposição particular; a estas finalidades subordina-se outra em muitos casos, e em outros omite-se por completo se podem obter-se sem ela, como penso que ocorre não poucas vezes no uso familiar da linguagem. Convido ao leitor a refletir se não lhe ocorre com frequência que, ao ouvir ou ao ler um discurso, as paixões de medo, amor, ódio, admiração, desdém e outras semelhantes surgem imediatamente em sua alma depois da percepção de certas palavras, sem que tenha criado algumas *intercalares*.

A princípio, por suposto, as palavras puderam ter ocasionado ideias que eram capazes de produzir essas emoções; no entanto, se não me equivoco, descobriremos que, uma vez que a linguagem se fez familiar, a audição de sons ou o fato de verem-se os caracteres são imediatamente acompanhados dessas paixões que costumavam ser produzidas mediante a intervenção de ideias que agora foram omitidas por completo. É que não podemos ser afetados, por exemplo, pela promessa de uma coisa boa embora não tenhamos ideia do que essa coisa é? Não é suficiente para suscitar nosso temor que sejamos ameaçados, ainda que não pensemos em nenhum dano particular que possa nos certificar, nem tenhamos formado uma ideia de perigo em abstrato?

Qualquer um que reflita um pouco sobre o que se disse, creio que verá com clareza que, com frequência, no uso próprio da linguagem, utilizam-se nomes gerais sem pensá-los como signos de suas próprias ideias com a intenção de que estas surjam na mente de quem o escuta. Os mesmos nomes próprios não parecem ser pronunciados sempre com a intenção de que surjam em nós as ideias dos indivíduos a quem se supõe que designam. Por exemplo, quando um escolástico me diz que Aristóteles o disse, tudo o que concebo é que quem assim me fala quer predispor-me a abraçar sua opinião com a deferência e submissão que o costume tem agregado a esse nome. E esse efeito pode produzir-se de maneira tão instantânea nas mentes daqueles que estão acostumados a submeter seu juízo à autoridade desse filósofo, que é impossível que lhe ocorra qualquer outra ideia referente à pessoa de Aristóteles, a seus escritos ou à sua reputação.

Poderia dar inumeráveis exemplos desse tipo; mas, para que insistir em coisas que a experiência de cada um poderá, sem dúvida alguma, sugerir-lhe em abundância?

21. Temos já mostrado, segundo creio, a impossibilidade das ideias abstratas. Consideramos o que disseram a favor delas seus defensores mais capazes, e tratamos de mostrar que são inúteis para aqueles fins dos quais se pensa que são necessárias. Por último, seguimo-las até a fonte da qual surgem, que parece ser a linguagem. Não se pode negar que as palavras são de extraordinária utilidade e que, mediante elas, o volume de conhecimentos que foi adquirido graças ao esforço conjunto de investigadores em todas as épocas e em todas as nações, pode pôr-se à vista e ser possuído por uma só pessoa. Mas, ao mesmo tempo, deve reconhecer-se que muitas são as áreas do conhecimento que foram estranhamente confundidas e escurecidas por abuso das palavras e pelo modo geral de expressão em que foram expostas. Portanto, como as palavras são tão propensas a impor-se sobre o entendimento, qualquer ideia que eu considere, tratarei de tomá-la em sua simples e nua *mesmidade*, deixando fora de meus pensamentos, até onde me seja possível, aqueles nomes que de maneira tão constante e estrita o uso uniu a elas ao longo do tempo. Disso espero tirar as vantagens seguintes.

22. Em primeiro lugar, poderei assim estar seguro de livrar-me de todas as controvérsias puramente verbais, as quais, ao ter brotado em quase todas as ciências, constituíram um impedimento maior para o crescimento do verdadeiro e sadio conhecimento.

Em segundo lugar, este parece ser um caminho seguro para não cair nas redes desse fino e sutil entrelaçado das ideias abstratas, que tão danosamente confundiram e enredaram as mentes dos homens, com esta característica peculiar: que quanto mais sutil e inquisitivo era o talento de um homem, mais penetrou nessa rede e mais firmemente ficou preso nela.

Em terceiro lugar, limitar meus pensamentos a minhas próprias ideias, despidas de palavras, não será fácil que me equivoque.

Os objetos que considerar serão clara e adequadamente conhecidos por mim. Não poderei cair no erro de pensar que tenho uma ideia que na realidade não tenho. Não me será possível imaginar que algumas de minhas ideias sejam semelhantes ou dessemelhantes, quando na realidade não seja assim. Para discernir a compatibilidade ou discrepância entre minhas ideias, para ver quais estão incluídas numa ideia composta, e quais não estão, não há mais requisito do que o da atenciosa percepção do que passa por meu próprio entendimento.

23. Mas para atingir todas essas vantagens é necessário primeiro liberar-se totalmente do engano das palavras, o que eu mesmo não me atrevo a prometer: tão difícil é desfazer o vínculo que foi estabelecido desde antigamente entre palavras e ideias, e que depois foi confirmado por um longo costume! E é esta uma dificuldade que foi aumentada ainda mais pela doutrina da abstração. Durante tanto tempo pensaram os homens que ideias abstratas vinham agregadas às suas palavras, que não é estranho que usem as palavras como se fossem ideias. Pois que lhes foi impraticável deixar a palavra de lado e reter na mente a ideia abstrata que em si mesma era perfeitamente inconcebível. Esta me parece ser a causa principal pela qual aqueles homens que tão enfaticamente têm recomendado prescindir de todo uso de palavras em suas meditações, não conseguiram fazê-lo eles mesmos. Ultimamente foram muitos os que persistiram nas absurdas opiniões e vãs disputas que surgiram do abuso das palavras. A fim de remediar esses males, dão-nos o bom conselho de que centremos nossa atenção nas ideias significadas e deixemos de lado as palavras que as significam. Mas por muito bom que seja esse conselho que dão a outros, aqueles que o recomendam não poderão respeitá-lo enquanto sigam pensando que o único uso imediato das palavras é o de significar ideias e que o significado imediato de cada termo geral é uma ideia abstrata determinada[6].

24. Mas uma vez que se tenha reconhecido que isto é um erro, será mais fácil que um homem impeça que o dominem as palavras.

Quem sabe que só tem ideias particulares não se esforçará em vão com o empenho de encontrar e conceber uma ideia abstrata agregada a qualquer nome. E quem sabe que nem sempre os nomes representam ideias evitará o trabalho de procurá-las onde não estão. Seria, portanto, desejável que cada um dedicasse seus melhores esforços a obter uma visão clara das ideias que considere, separando-as de todo esse revestimento e pompa de palavras que tanto contribuem para cegar o juízo e dividir a atenção. Em vão estenderemos nossa visão aos céus e vasculharemos as entranhas da terra; em vão conferiremos os escritos dos sábios e seguiremos as escuras impressões da Antiguidade. Se quisermos contemplar a formosa árvore da ciência, cujo fruto é excelente e está ao alcance de nossa mão, só precisaremos afastar a cortina das palavras.

25. A não ser que cuidemos de separar os princípios do conhecimento do impedimento e o engano das palavras, seguiremos raciocinando sobre elas sem propósito algum; poderemos deduzir indefinidamente umas consequências de outras, mas nunca seremos mais sábios. Quanto mais longe cheguemos, mais nos perderemos e mais profundamente nos enredaremos em dificuldades e erros.

Portanto, a quem se proponha ler as páginas que seguem, rogo-lhe que faça de minhas palavras ocasião para exercer seu próprio pensamento e tratar de atingir a mesma corrente de pensamentos que eu tive ao escrevê-las. Mediante esse procedimento, ser-lhe-á fácil descobrir a verdade ou a falsidade do que digo. Estará a salvo do perigo de ser enganado por minhas palavras e não vejo como poderá ser levado a cometer um erro se se limita a considerar suas ideias nuas e sem disfarce.

Sobre os Princípios do Conhecimento Humano

Parte I[7]

1.

A qualquer um que considere quais são os objetos do conhecimento humano, será evidente que estes são ou ideias que de fato estão impressas nos sentidos, ou ideias que são percebidas quando fixamos a atenção nas paixões e operações da mente ou, por último, ideias que se formam com a ajuda da memória e da imaginação e que são resultados de composições, divisões ou, simplesmente, representações de outras que originalmente foram percebidas da maneira dita anteriormente.

Mediante a visão adquiro ideias da luz e das cores em seus diversos graus e variações. Com o tato percebo, por exemplo, o duro e o macio, o calor e o frio, o movimento e a resistência; e tudo isso, em maior ou menor quantidade ou grau. O olfato me proporciona os cheiros; o paladar, os gostos; e o ouvido envia à mente sons em toda sua variedade de tom e composição. E quando observamos que várias dessas ideias sensíveis se acompanham mutuamente, são registradas com um só nome e consideradas também como uma só coisa. Assim, por exemplo, quando se observam cor, sabor, cheiro, figura e consistência determinados, unidos, se os considera como uma coisa clara e definida, significada com o nome de maçã. Outras coleções de ideias constituem uma pedra, uma árvore, um livro, e outras coisas semelhantes de caráter sensível, as quais, segundo sejam agradáveis ou desagradáveis, suscitam as paixões de amor, ódio, alegria, tristeza etc.

2.

Mas além de toda a interminável variedade de ideias ou objetos de conhecimento, há assim mesmo algo que conhece ou percebe esses objetos e exerce diversas operações, como as de querer, imaginar, recordar a respeito deles. Este ser perceptivo e ativo é o que chamo mente, espírito, alma ou eu. Mediante essas palavras não designo nenhuma de minhas ideias, mas uma coisa inteiramente separada e diferente delas, nas quais elas existem ou, o que é o mesmo, pelas quais elas são percebidas; porque a existência de uma ideia consiste em ser percebida.

3.

Que nem nossos pensamentos, nem as paixões, nem as ideias formadas pela imaginação existem sem a mente, é algo que todo mundo admitirá. E não parece menos evidente que as variadas sensações ou ideias impressas no sentido, como queira que se misturem e combinem umas com outras (isto é, quaisquer que sejam os objetos que componham), não podem existir senão numa mente que as perceba. Quem preste atenção ao que se quer dizer com o termo existir quando este se aplica às coisas sensíveis, creio que poderá obter um conhecimento intuitivo disso. Afirmo que a mesa em que escrevo existe; isto é, vejo-a e sinto-a. E se, estando eu fora de meu estúdio, dissesse que a mesa existe, o que eu estaria dizendo é que, se eu entrasse de novo em meu estúdio, poderia percebê-la ou que alguma outra mente a está de fato percebendo. "Havia um cheiro", isto é, cheirava; "havia um som", isto é, ouvia-se; "havia uma cor, uma figura": é que foram percebidas pela visão ou pelo tato. Isto é tudo o que eu posso entender quando se empregam estas e outras expressões semelhantes. Pois o que se diz da existência absoluta de coisas impensadas, sem relação alguma com o fato de serem percebidas, é para mim completamente ininteligível. O existir é seu *percipi*[8]; e não é possível que possuam existência alguma fora das mentes ou coisas pensantes que as percebem.

4.

É estranho, certamente, que prevaleça entre os homens a opinião de que as casas, as montanhas, os rios e, numa palavra, todos os objetos sensíveis têm uma existência natural ou real, diferente da de seu ser percebido pelo entendimento. Mas por maior que seja a segurança e a aquiescência que no mundo se dá a este princípio, quem quer que faça questão dele no íntimo de seu coração se dará conta de que o dito princípio implica uma contradição manifesta. Pois que são os objetos acima mencionados senão coisas percebidas pelo sentido? E o que percebemos além de nossas próprias ideias ou sensações? E não repugnaria de modo cabal que algumas destas, ou sua combinação, existissem sem ser percebidas?

5.

Se examinarmos cuidadosamente esse assunto, quem sabe descobriremos que, no fundo, depende da doutrina das ideias abstratas. Pois poderia haver mais delicado exercício de abstração do que o de distinguir a existência dos objetos sensíveis como algo separado de serem percebidos, até o ponto de concebê-los como existentes sem que ninguém os perceba? A luz e as cores, o calor e o frio, a extensão e as figuras e, numa palavra, as coisas que vemos e sentimos, que são senão outras tantas sensações, noções, ideias, ou impressões sobre o sentido? É que nos resultaria possível separar alguma delas, ainda que só em pensamento, da mera percepção? Se assim fora, isso implicaria que eu posso separar uma coisa de si mesma.

É certamente possível que eu divida em meus pensamentos ou conceba separadamente coisas que quem sabe não tenha percebido sensivelmente separadas. Posso, assim, imaginar o tronco de um corpo humano sem membros ou conceber o cheiro de uma rosa sem pensar na própria rosa. Não negarei que, até esse ponto, sou capaz de abstrair, se é que isso pode ser chamado propriamente abstração, no sentido de que posso conceber separadamente esses objetos, enquanto estes podem realmente existir ou ser percebidos separados uns dos outros. Mas meu poder de conceber ou imaginar não se estende além da possibilidade de real existência ou percepção. De onde, assim como me é impossível ver ou sentir alguma coisa sem ter uma atual sensação dessa coisa, assim também é impossível para mim conceber em meus pensamentos alguma coisa sensível ou objeto, diferente da sensação ou da percepção deste. [O verdadeiro é que o objeto e a sensação são a mesma coisa e não podem, portanto, considerar-se separados um da outra][9].

6.

Há algumas verdades que são tão próximas à mente e que lhe são tão óbvias, que um homem só precisa abrir os olhos para vê-las. Destas, há uma de suma importância, a saber: que todo o coro dos céus e coisas da terra ou, numa palavra, todos esses corpos que compõem a poderosa estrutura do mundo, carecem de uma subsistência independente da mente e que seu ser consiste em ser percebidos ou conhecidos; consequentemente, enquanto não sejam percebidos por mim ou não existam em minha mente ou em outra mente criada, ou não têm existência em absoluto ou, têm que subsistir na mente de algum espírito eterno. Pois seria completamente ininteligível e implicaria todo o absurdo de uma abstração, atribuir a qualquer parte dessas coisas uma existência independente de um espírito. Para convencer-se disso, o leitor só precisará refletir e tratar de separar em seus próprios pensamentos o ser de uma coisa sensível de seu ser percebido.

7.

Do que se disse, segue que não há outra substância senão o espírito, isto é, o que percebe. Mas a fim de provar este ponto mais completamente, considere-se que as qualidades sensíveis, a cor, a figura, o movimento, o cheiro, o sabor etc.; isto é, as ideias percebidas pelos sentidos. No entanto, dizer que uma ideia existe numa coisa que é incapaz de perceber, seria uma contradição manifesta, pois ter uma ideia é o mesmo que perceber assim, em que a cor, a figura e outras qualidades semelhantes existem, tem que ter um alguém que as perceba. Logo, é claro que não pode haver uma substância não pensante ou *substratum* dessas ideias.

8.

Poder-se-ia objetar dizendo que, embora as ideias mesmas não existam sem a mente, pode haver, no entanto, coisas que se parecem com elas e que são cópias ou semblante das ideias; e que tais coisas existem à margem da mente, numa substância não pensante. A isso respondo dizendo que uma ideia não pode parecer-se mais que a outra ideia; uma cor ou uma figura não podem parecer-se mais que a outra cor ou figura. Se vasculharmos um pouco nossos próprios pensamentos, descobriremos que nos é impossível conceber semelhança alguma, a não ser uma semelhança entre nossas próprias ideias. E de novo pergunto se esses supostos seres originais, ou coisas externas, das quais nossas ideias são retratos ou representações, são ou não são perceptíveis em si mesmas. Se forem, são ideias, e então provamos o que queríamos; mas se se nos diz que não o são, desafio qualquer um a provar que faz sentido afirmar que uma cor tem semelhança com algo que é invisível; ou que o duro ou o macio têm semelhança com algo que é intangível. E assim com os demais.

9.

Há aqueles que estabelecem uma distinção entre qualidades primárias e secundárias. Pelas primeiras entendem a extensão, a figura, o movimento, o repouso, a solidez ou impenetrabilidade e o número; pelas segundas entendem todas as demais qualidades sensíveis, como as cores, os sons, os sabores e demais[10]. Reconhecem que as ideias que temos destas não são imagens de algo que existe fora da mente ou não percebido; mas sustentam que nossas ideias das qualidades primárias são representações ou imagens de coisas que existem independentes da mente, numa substância não pensante a que chamam matéria. Portanto, devemos entender por matéria uma substância inerte e insensível, na qual a extensão, a figura e o movimento subsistem de fato. Mas, partindo do que já mostramos, é evidente que a extensão, a figura e o movimento são unicamente ideias que existem na mente e que uma ideia não pode parecer-se senão à outra ideia; e que, em consequência, nem elas nem seus arquétipos podem existir numa substância não perceptiva. Assim, é claro que a mesma noção de matéria ou de substância corpórea implica contradição.

10.

Há quem afirme que a figura, o movimento e o resto das qualidades primárias ou originais existem fora da mente, em substâncias não pensantes; e quem afirma isso reconhece ao mesmo tempo que as cores, os sons, o calor, o frio e outras qualidades secundárias semelhantes não existem fora da mente. E dizem-nos que essas qualidades são sensações que unicamente existem na mente e que só dependem e são ocasionadas pelo diferente tamanho, textura e movimento de minúsculas partículas de matéria.

Tomam isso por indubitável verdade, demonstrável sem exceção alguma. No entanto, se é verdade que essas qualidades originais estão inseparavelmente unidas com as outras qualidades sensíveis e não são suscetíveis, nem sequer no pensamento, de abstrair-se delas, se seguirá claramente que só existem na mente. Gostaria que todos refletissem e tratassem de ver se, mediante algum tipo de abstração mental, podem conceber a extensão e o movimento de um corpo, prescindindo de todas as demais qualidades sensíveis. De minha parte, vejo com clareza que não tenho o poder de formar uma ideia de um corpo extenso e móvel, a não ser que dê a esse corpo alguma cor ou alguma outra qualidade sensível que se reconhece como existente só na mente. Em breve: a extensão, a figura e o movimento, abstraídos de todas as demais qualidades, são inconcebíveis. Portanto, onde existem as outras qualidades sensíveis, também deverão estar as primeiras; e seu lugar terá de ser a mente, e nenhum outro.

11.

Vamos repeti-lo: o grande e o pequeno, o rápido e o lento não existem em nenhuma parte fora da mente, pois são inteiramente relativos e mudam segundo as variações de estrutura ou de posição dos órgãos dos sentidos. Portanto, uma extensão que existisse fora da mente não seria grande nem pequena, e um movimento que existisse fora da mente não seria nem rápido nem lento, isto é, não seriam nada em absoluto. "Mas", poderá objetar-se, "essa extensão e esse movimento seriam uma extensão em geral e um movimento em geral". Vemos, pois, até que ponto o argumento em favor de substâncias extensas e móveis que existem fora da mente depende dessa estranha doutrina das ideias abstratas.

E aqui não posso deixar de notar quanto esta vaga e indeterminada descrição da matéria ou substância corpórea a que chegam os filósofos modernos levados por seus próprios princípios, é semelhante à antiquada e tantas vezes ridicularizada noção de *matéria-prima* que encontramos em Aristóteles e em seus seguidores.

Sem a extensão, a solidez não pode conceber-se; e bem como mostramos que a extensão não existe numa substância não pensante, ele tem de afirmar-se com referência à solidez.

12.

Que o número é inteiramente uma criação da mente, mesmo no caso em que concedamos que as outras qualidades existem fora dela, é algo que será evidente a qualquer um que considere que uma mesma coisa recebe uma diferente denominação numérica, segundo a mente a veja com relação a unidades diferentes. Assim, a mesma extensão pode ser um, ou três, ou trinta e seis, segundo seja considerada pela mente com referência a uma jarda, a um pé, ou a uma polegada[11]. O número é algo tão visivelmente relativo e tão dependente do entendimento dos homens, que é difícil pensar que alguém se atreveria a conceder-lhe uma existência fora da mente. Dizemos um livro, uma página, uma linha; estas são todas unidades, ainda que algumas contenham várias das outras. E em cada caso, é claro que a unidade se refere a alguma combinação particular de ideias arbitrariamente reunidas pela mente.

13.

Sei que alguns entendem a unidade como ideia simples, isto é, não composta, que acompanha todas as demais ideias na mente[12]. Mas eu não encontro em mim nenhuma ideia que responda à palavra unidade; se a tivesse, certamente que a encontraria, pois seria a que meu entendimento conhece com maior familiaridade, pois se diz que acompanha todas as demais ideias e que é percebida em toda modalidade de percepção e de reflexão. Mas não quero alongar-me nisto: é uma ideia abstrata.

14.

Adicionarei que, do mesmo modo que os filósofos modernos provam que certas qualidades sensíveis não têm existência na matéria, isto é, fora da mente, pode-se também provar o mesmo com relação a todas as demais qualidades sensíveis, quaisquer que estas sejam.

Assim, por exemplo, diz-se que o calor e o frio só são disposições da mente e não imagens de coisas reais, existentes nas substâncias corpóreas que produzem essas sensações. Pois um mesmo corpo que é frio a uma mão, à outra lhe parece quente. No entanto, por que não poderemos também arguir que a figura e a extensão não são também imagens ou representações de qualidades existentes na matéria?

Porque o caso é que, a um mesmo olho em posições diferentes, ou a olhos de diferente textura numa mesma posição, a figura e a extensão lhes aparecem de várias maneiras; sendo assim, não pode afirmar-se que sejam imagens de nada estável, determinado e exterior à mente. De igual modo, provamos que a doçura não está realmente na coisa saboreada; pois ainda que a coisa permaneça inalterada, o doce pode tornar-se amargo, como quando a febre ou alguma outra afecção viciam o paladar. Não seria, portanto, igualmente razoável dizer que o movimento não existe sem a mente, já que se a sucessão de ideias na mente se acelera, vemos que o movimento parecerá mais lento, sem que se tenham produzido alterações em nenhum objeto exterior?

15.

Em breve: qualquer um que considere esses argumentos que mostram que as cores e sabores só existem na mente, descobrirá que com igual força servem para provar o mesmo com respeito à extensão, à figura e ao movimento. Deve reconhecer-se que esse método de arguir não tanto prova que não há extensão ou cor no objeto exterior, como que não sabemos, servindo-nos dos sentidos, quais são a verdadeira extensão e cor do objeto. Mas os argumentos que ficaram expostos antes mostram claramente que é impossível que qualquer cor, qualquer extensão e qualquer outra qualidade sensível existam numa substância não pensante, à margem da mente; de fato, o que provam é que não há nenhum objeto externo.

16.

Mas examinemos um pouco a opinião comum. Diz-se que a extensão é um modo ou acidente da matéria, e que a matéria é o *substratum* que lhe dá suporte. Pois bem, gostaria que você me explicasse o que se está dizendo quando se afirma que a matéria dá suporte à extensão. E você me diz: “Não tenho ideia da matéria e, portanto, não posso explicá-la.” A isso respondo que, embora você não tenha uma ideia positiva da matéria, deverá ter pelo menos uma ideia relativa, se quer empregar essa palavra com algum significado; e ainda que você não saiba o que é, deve-se supor que conhece a relação que há com os acidentes e o que quer dizer quando afirma que lhes dá suporte.

É evidente que aqui suporte não pode ser tomado com seu sentido habitual ou literal, como quando dizemos que os pilares dão suporte a um edifício. Em que sentido, pois, deve ser tomado?

17.

Se pesquisarmos o que os filósofos mais precisos declaram que entendem por substância material, descobriremos que, segundo eles mesmos reconhecem, não têm mais significado para essas palavras que a ideia de ser em geral, com a noção relativa de estar dando suporte aos acidentes. A ideia geral de ser, parece-me a mais abstrata e incompreensível de todas; e quanto ao *dar suporte* aos acidentes, isto é algo que, como acabo de observar, não se pode entender no sentido usual dessas palavras. Deve-se, pois, tomar em algum outro sentido; mas não explicam qual deveria ser este. De maneira que, quando considero as duas partes ou ramos que compõem o significado das palavras *substância material*, convenço-me de que não há um significado claro e diferente agregado a elas. Mas, para que nos perturbarmos em falar desse *substratum material*, ou suporte da figura e o movimento e outras qualidades sensíveis? Isso não implica que as ditas qualidades têm uma existência fora da mente? E não é isso uma contradição direta, absolutamente inconcebível?

18.

Mas ainda que fosse possível existirem fora da mente substâncias sólidas com figura e com movimento, que correspondessem com as ideias que temos dos corpos, como seria possível sabê-lo? Ou teria que chegar a nosso conhecimento por meio dos sentidos, ou por meio da razão. No que se refere aos nossos sentidos, por meio deles só temos conhecimento de nossas sensações, ideias, ou aquilo que é imediatamente percebido. Chame como quiser, mas os sentidos não nos dizem que as coisas existem fora da mente, nem nos dizem tampouco que há coisas não percebidas semelhantes àquelas que percebemos. Isto o reconhecem até os próprios materialistas. Só nos resta, portanto, considerar que, se temos algum conhecimento das coisas externas, este terá de ser adquirido por meio da razão, a qual inferirá que essas coisas existem, baseando-se no que imediatamente é percebido pelos sentidos.

Mas como poderá a razão induzir-nos a acreditar na existência de corpos externos à mente baseando-se no que percebemos, quando até os mesmos defensores da matéria jamais pretenderam que haja uma conexão necessária entre os corpos e nossas ideias?

Todo mundo admite (e o que tem lugar em nossos sonhos, fantasias e coisas análogas põe o caso fora de discussão) que é possível que sejamos afetados pelas ideias que agora temos, ainda que não existam corpos externos que se assemelhem a elas.

É, pois, evidente que não é necessário supor que existem corpos externos para a produção de nossas ideias, porquanto é possível que, do mesmo modo que estas se produzem às vezes sem aqueles, produzam-se sempre sem sua participação.

19.

Mas ainda que seja possível que todas as sensações que temos se tenham produzido sem eles, quem sabe se possa pensar que seria mais fácil conceber e explicar a produção de nossas ideias supondo que há corpos externos que se assemelham a elas; e assim, pode ser, quando menos provável que haja coisas corpóreas que suscitem em nossa mente as ideias que temos delas.

Mas nem sequer isso se poderia afirmar, pois, ainda que concedamos aos materialistas que existem corpos externos, eles não estão, segundo confessam, mais adiantados que nós em averiguar como se produzem nossas ideias. Porque eles mesmos admitem que são incapazes de compreender como um corpo pode atuar sobre a mente ou como é possível que imprima uma ideia na mente.

É evidente que em nossa mente são produzidas ideias ou sensações; mas não há razão alguma para supor que existem a matéria ou as substâncias corpóreas, pois se reconhece que o surgimento de ideias na mente é inexplicável, tanto admite-se essa suposição, como não.

Portanto, se fosse possível existirem os corpos fora da mente, sustentar que de fato existem assim, seria uma opinião muito pouco convincente, pois isso implicaria supor, sem razão alguma, que Deus criou inumeráveis seres que são completamente inúteis e que não servem a propósito algum.

20.

Em síntese, caso houvesse corpos externos, é impossível que chegássemos jamais a sabê-lo; e se não os há, teríamos as mesmas razões para pensar que existem as que temos agora. Suponhamos – possibilidade que ninguém poderia negar – uma inteligência que, sem a ajuda de corpos externos, se visse afetada pela mesma corrente de sensações ou ideias que nos afetam, e que essas ideias estivessem impressas na mente na mesma ordem e com igual vivacidade. Pergunto-me: essa inteligência não tem toda a razão para acreditar na existência de substâncias corpóreas representadas por suas ideias e suscitando estas em sua mente, em igual medida em que você tem razões para acreditar o mesmo? Sobre isso não cabe dúvida alguma, e esta consideração basta para fazer que uma pessoa razoável suspeite da força dos argumentos que possa pensar que tem em favor da existência de corpos fora da mente.

21.

Se, depois do que foi dito, fosse necessário adicionar mais alguma prova contra a existência da matéria, poderia dar exemplos de vários dos erros e dificuldades (para não mencionar as impiedades) que surgiram dessa doutrina, a qual deu ocasião a inumeráveis controvérsias e disputas em filosofia e a não poucas, de muito maior importância, em religião. Mas não vou agora entrar em detalhes nesses exemplos, porque penso que seria desnecessário dar argumentos *a posteriori* para confirmar o que, se não me equivoco, foi já suficientemente demonstrado *a priori* e, também, porque mais adiante terei ocasião para dizer algo mais sobre isso.

22.

Temo ter dado razão para me acusarem de ser desnecessariamente prolixo ao tratar desse assunto. Na verdade, para que estender-se no que se pode demonstrar em uma ou duas linhas a quem for capaz de breve reflexão? Basta analisar o próprio pensamento e tentar conceber a possibilidade de um som, figura, movimento ou cor existirem fora da mente ou despercebido. Essa simples tentativa talvez possa revelar que se defende uma contradição radical. De modo que me basta pôr assim a questão em conjunto: se se pode conceber possível para uma substância móvel extensa, ou em geral para qualquer ideia ou coisa semelhante a uma ideia, existir fora da mente *percipiente*, dar-lhe-ia plena razão, e afirmarei a existência de todos esses corpos exteriores que pretenderem, ainda que só se me possa dar como razão acreditar na sua existência ou indicar algum uso para o que se supõe existir. Ou seja, a simples possibilidade da verdade da sua opinião será um argumento demonstrativo.

23.

Contudo, poderão dizer, nada mais fácil do que imaginar, por exemplo, árvores em um parque, ou livros em uma estante e ninguém para percebê-los. Respondo que na verdade não é difícil; mas o que é isso senão formar na mente certas ideias às quais damos o nome de livros e árvores, omitindo ao mesmo tempo formar ideia daquilo que os percebe? Mas não pensam neles durante esse tempo? Isto, portanto, nada importa ao caso. Só mostra que é possível formar ideias na mente, mas não que os objetos do pensamento existam fora dela. Para contestá-lo é necessário que se concebam existentes e não somente pensados, o que é evidentemente repugnante. Ao esforçarmo-nos ao máximo para conceber a existência de corpos externos, contemplamos sempre e somente as nossas próprias ideias. Mas como a mente não se conhece a si mesma, ilude-se acreditando conceber corpos existentes e não pensados ou fora da mente embora ao mesmo tempo sejam por ela apreendidos ou existam nela. Uma breve atenção mostra a verdade evidente do que fica dito e é desnecessária a insistência em demonstrar a inexistência da substância material.

24.

É bastante simples depois disso saber se podemos entender o que significa a *existência absoluta de objetos sensíveis em si mesmos ou fora da mente*. Para mim é evidente que se encerra nestas palavras uma contradição direta ou que não possui nenhum sentido. Para convencer os outros disso não conheço melhor e mais direto caminho do que lhes pedir que examinem cuidadosamente os seus pensamentos: assim aparecerá o vazio e a contradição, e basta para convencer. Nesse ponto insisto: "existência absoluta de coisas não pensantes" são palavras contraditórias ou sem sentido. É o que repito e inculco e maximamente recomendo ao atento pensar do leitor.

25.

Todas as nossas ideias, sensações, noções ou coisas percebidas, sob qualquer designação, são visivelmente inativas, sem poder ou agência alguma; uma ideia ou objeto do pensar não pode alterar outra; para ver que assim é basta uma simples observação das nossas ideias. Desde que elas no todo e em cada parte só existem na mente, segue-se que nelas só há o que é percebido; contudo, por mais que alguém examine as suas ideias, dos sentidos ou da reflexão, não encontrará nelas qualquer força ou atividade; portanto, tal coisa não se contém nelas. Uma breve atenção nos mostrará que o ser de uma ideia implica a sua passividade e inércia, tal que é impossível a uma ideia fazer seja o que for ou, estritamente, ser causa de alguma coisa; nem pode ser semelhança, nem modelo de um ser ativo, como evidentemente conclui a Seção 8. De onde não podem a extensão, a figura e o movimento ser causa de sensações nossas. Dizer, portanto, que elas são efeito de forças resultantes de configuração, número, movimento e forma dos corpúsculos, é decerto falso.

26.

Percebemos uma sucessão contínua de ideias; algumas nos são suscitadas de novo; outras mudam ou desaparecem por completo. Há, portanto, alguma causa dessas ideias, da qual estas dependem, e que as produz e as muda. Que esta causa não pode ser uma qualidade, ou ideia, ou combinação de ideias, está claro pelo que se disse na seção precedente. Deve ser, portanto, uma substância; mas já se mostrou que não há substância que seja corpórea ou material; só resta, portanto, que a causa de nossas ideias seja uma substância incorpórea ativa, isto é, uma mente.

27.

Uma mente é um ser simples, indivisível e ativo. Quando percebe ideias, é chamado entendimento; e quando as produz ou opera de algum outro modo sobre elas, é chamado vontade. Dessa maneira não se pode formar ideia alguma de uma alma ou mente; pois todas as ideias, quaisquer que estas sejam, sendo passivas e inertes (vide Seção 25), não nos podem dar uma representação, mediante imagem ou semelhança, do que é ativo. Um pouco de atenção fará ver claramente a qualquer um que é absolutamente impossível ter uma ideia que seja como esse ativo princípio do movimento e mudança de ideias. Tal é a natureza da uma coisa, isto é, daquilo que atua, que não pode ser percebido *de per si*, mas apenas por meio dos efeitos que produz. Se algum homem duvidasse da verdade do que ficou dito, que reflita e veja se pode formar-se a ideia de algum poder ou ente ativo; e que veja também se tem ideias dos dois poderes principais designados com os nomes de vontade e entendimento, ideias diferentes entre si, e diferentes assim mesmo de uma terceira ideia: a de substância ou ente em geral, junto com uma noção de ser esta suporte ou sujeito dos poderes antes mencionados, e significada com os nomes de alma ou uma coisa. Isto é o que alguns sustentam. Mas, pelo que eu consigo ver, as palavras vontade, alma, uma coisa não significam ideias diferentes. Em verdade, não significam ideia alguma em absoluto, mas algo que é muito diferente e que, ao tratar-se de um agente, não pode assemelhar-se nem ser representado por nenhuma ideia.

[Apesar disso, deve reconhecer-se ao mesmo tempo que temos alguma noção de alma, espírito, e de operações mentais como desejar, amar, odiar, na medida em que somos capazes de conhecer ou entender o significado dessas palavras][13].

28.

Descubro que posso excitar ideias na mente sempre que eu queira, e variar e mudar a cena sempre que me pareça oportuno. Basta querê-lo, para que imediatamente esta ou aquela ideia surja em minha fantasia; e fazendo uso do mesmo poder, posso obliterá-la e dar lugar a outra. Este fazer e desfazer ideias dá ocasião a que muito apropriadamente possamos dizer que a mente é ativa. Isto é verdadeiro e está fundado na experiência; mas quando falamos de agentes não pensantes, ou de ideias suscitadoras, fora da mera volição[14], então é que só estamos jogando com as palavras.

29.

Mas qualquer que seja o poder que eu tenha sobre meus próprios pensamentos, descubro que aquelas ideias que foram de fato percebidas pelos sentidos não têm dependência semelhante de minha vontade.

Quando às claras abro os olhos, não está em meu poder eleger o que vou ou não vou ver; também não está em meu poder determinar que objetos em particular se apresentarão à minha vista. E pode-se dizer o mesmo da audição e dos demais sentidos: as ideias que ficam impressas neles não são criaturas de minha vontade. Tem que ter, portanto, alguma outra vontade ou mente que as produza.

30.

As ideias dos sentidos são mais fortes, vivazes e diferentes que as da imaginação; têm, assim mesmo, uma firmeza, ordem e coerência, e não são suscitadas arbitrariamente, como com frequência o são as que são efeito das vontades humanas, mas que seguem uma sequência ou série regular, cuja admirável concatenação dá depoimento da sabedoria e benevolência de seu autor.

No entanto, o conjunto de regras ou métodos estabelecidos segundo os quais a mente de que dependemos suscita em nós as ideias dos sentidos, são chamadas leis de natureza. E ditas leis conhecemo-las por experiência, a qual nos ensina que tais e quais ideias vão acompanhadas de outras tais ou quais ideias, no curso usual das coisas.

31.

Isto nos proporciona uma espécie de visão antecipada que nos permite regular ações para benefício de nossa vida. Sem isso, estaríamos continuamente perdidos; não poderíamos saber como atuar realizando algo que nos pudesse dar o menor prazer, ou a eliminação da menor dor dos sentidos.

Que o alimento nos nutre, que o sono nos restabelece, que o fogo nos aquece, que semear durante a estação certa é o modo de obter depois a colheita madura e, em geral, que para obter tais ou quais fins precisa-se de tais ou quais meios que nos conduzam a eles, é algo que conhecemos, não por ter descoberto uma conexão necessária entre nossas ideias, senão só pela observação das estabelecidas leis de natureza, sem as quais todos estaríamos submergidos na incerteza e na confusão, e um homem maduro não saberia se conduzir nos assuntos da vida melhor do que um menino recém-nascido.

32.

No entanto, esta consistente e uniforme organização que tão evidentemente nos mostra a bondade e sabedoria da mente soberana daquele espírito governante, cuja vontade constitui as leis de natureza, está tão longe de conduzir nossos pensamentos a Ele, que os leva a perder-se na busca de causas secundárias. Pois quando percebemos certas ideias dos sentidos que sempre vão seguidas de outras, e sabendo que isso não é assim por obra nossa, imediatamente atribuímos poder e atividade às ideias mesmas, e fazemos de umas a causa das outras, o que não poderia ser mais absurdo e ininteligível. Assim, por exemplo, tendo observado que quando percebemos com a visão uma verdadeira figura redonda e luminosa, percebemos ao mesmo tempo com o sentido do tato uma sensação que chamamos calor, concluímos disso que o sol é a causa do calor. E de um modo semelhante, ao perceber que o movimento e a colisão dos corpos vai acompanhada de um som, vemo-nos inclinados a pensar que o segundo é um efeito do primeiro.

33.

As ideias impressas nos sentidos pelo Autor da Natureza são chamadas coisas reais; e as que são suscitadas na imaginação, ao ser menos regulares, firmes e constantes, são mais propriamente chamadas ideias ou imagens de coisas que essas ideias copiam e representam. Mas ocorre que nossas sensações, por muito vívidas e diferentes que sejam, são, apesar de tudo, ideias, isto é, que existem na mente ou são percebidas por ela, o mesmo que as ideias que são formadas pela própria mente. Deve-se reconhecer que as ideias do sentido têm em si mais realidade, isto é, que são mais fortes, ordenadas e coerentes que as criaturas da mente; mas isto não é argumento em favor de que existam fora da mente. São também menos dependentes da mente ou substância pensante que as percebe, quando são suscitadas pela vontade de outra mente mais poderosa. Contudo, seguem sendo ideias; e, certamente, nenhuma ideia, seja débil seja forte, pode existir fora da mente que a percebe.

34.

Antes de seguir adiante, é necessário deter-se um pouco para responder às objeções que provavelmente se farão contra os princípios que até aqui foram expostos.

Espero que me perdoem se ao fazê-lo me torno um pouco prolixo para aqueles que gostam de concepções rápidas; nem todos podem compreender com a mesma prontidão assuntos dessa natureza, e eu quero que todos me entendam. Poderá portanto objetar-se, em *primeiro lugar*, que, segundo os princípios precedentes, tudo o que na natureza há de real e substancial desapareceria do mundo e que ficaria implantado em seu lugar um quimérico sistema de *ideias*. Todas as coisas que existem, existem só na mente, isto é, são puras noções.

Que será, contudo, do sol, da lua e das estrelas? Que pensar das casas, dos rios, das montanhas, das árvores, das pedras? O que dizer, inclusive, de nossos próprios corpos? Todas essas coisas são unicamente quimeras e ilusões da fantasia? A esta e a qualquer outra objeção desse tipo respondo dizendo que, segundo os princípios propostos, não ficamos privados de nenhuma coisa da natureza.

Tudo aquilo que vemos, sentimos, ouvimos, ou de algum outro modo concebemos ou compreendemos, permanece tão a salvo como sempre e é tão real como sempre. Continua existindo uma *rerum natura*, e a distinção entre realidades e quimeras mantém toda sua força.

Isto é evidente pelos parágrafos nas Seções 29, 30 e 33, em que mostrei o que se entende por coisas reais em oposição às *utopias* ou *ideias* de nossa própria criação. Mas tanto umas como as outras existem na mente e nesse sentido são igualmente *ideias*.

35.

Eu não estou argumentando na contramão da existência de qualquer coisa que possamos aprender, seja pelos sentidos ou pela reflexão. Não faço a menor questão de se as coisas que vejo com meus próprios olhos e toco com minhas mãos existem realmente.

A única coisa cuja existência negamos é isso que os filósofos chamam matérias ou substância corpórea. E ao eliminá-la, o resto da humanidade não sofre o menor dano, tampouco, atrevo-me a dizer, não perderá nada. Os ateus quererão, certamente, que a cor de um nome vazio dê apoio à sua impiedade; e talvez os filósofos descubram que perderam um grande pretexto para suas discussões e disputas.

36.

Se algum homem pensa que isso vai em detrimento da existência ou realidade das coisas, está muito longe de entender o que foi exposto nos termos mais claros que pude encontrar. Tenho aqui um resumo do que foi dito: há substâncias espirituais, mentes ou almas humanas que suscitarão ou que suscitam dentro de si ideias, segundo lhes parece. Mas essas ideias são vagas, débeis e instáveis se se as comparadas com outras que são percebidas pelos sentidos e que, ao estarem impressas em nós segundo certas regras ou leis naturais, estão nos dizendo que são efeito de uma mente mais poderosa e sábia do que as mentes humanas. Diz-se que estas últimas têm mais realidade do que as primeiras; e com isso quer significar-se que são mais capazes de suscitar sentimentos, mais ordenados e diferentes, e que não são ficções da mente que as percebe. Nesse sentido, o sol que eu vejo de dia é o sol real, e o que imagino pela noite é a ideia do anterior. No sentido que aqui se dá da palavra realidade, é evidente que cada vegetal, cada astro, cada mineral e, em geral, cada parte do sistema do mundo, é, segundo nossos princípios, tão real como o seriam segundo quaisquer outros princípios. E se há homens que pelo termo realidade querem significar algo diferente do que eu entendo por dito termo, convido-os a que olhem dentro de seus próprios pensamentos e vejam por si mesmos.

37.

Será objetado que, pelo menos é verdade, que estamos eliminando as substâncias corpóreas. A isto respondo que, se a palavra substância é tomada em seu sentido vulgar, como uma combinação de qualidades sensíveis como a extensão, solidez, peso e coisas similares, não poderia acusar-se de a estar eliminando. Mas se é tomada num sentido filosófico, isto é, como algo que dá suporte a acidentes ou qualidades fora da mente, então sim reconheço, certamente, que a estamos eliminando, se é que pode chamar-se eliminação o estar prescindindo de algo que jamais teve existência, nem sequer na imaginação.

38.

Mas me diz você que é demasiado tosco falar que comemos e bebemos ideias e que nos vestimos com elas. Reconheço que assim é, devido a que não se utilizamos a palavra ideia no discurso comum para significar as diversas combinações de qualidades sensíveis que recebem o nome de coisas; e é verdadeiro que qualquer expressão que se distancia do uso corriqueiro da linguagem tem de parecer tosca e ridícula. Mas isto não afeta a verdade de minha proposição que, dita em outras palavras, equivale a dizer que nos alimentamos e nos vestimos com essas coisas que percebemos imediatamente pelos nossos sentidos.

A dureza ou a brandura, a cor, o sabor, a temperatura, a figura e outras qualidades semelhantes que, juntadas umas com as outras, constituem as diversas classes de provisões e vestidos, existem somente, como já se mostrou, na mente que as percebe.

E isto é tudo o que significa quando lhes damos o nome de ideias, palavra que, se usualmente fosse utilizada como coisa, não soaria nem mais tosca nem mais ridícula do que ela. Não estou aqui discutindo a respeito da propriedade da expressão, senão a respeito de sua verdade. Portanto, se você está de acordo comigo em que comemos e bebemos e nos vestimos com objetos imediatos dos sentidos, os quais não podem existir sem ser percebidos, isto é, fora da mente, com muito gosto lhe concederei que é mais apropriado e está em maior conformidade com o costume chamá-los coisas em vez de ideias.

39.

Se me perguntasse por que faço uso da palavra ideia em lugar de moldar-me e chamar a esses objetos coisas, responderei que isso é devido a duas razões: em primeiro lugar, porque o termo coisa, como algo diferente e contrário ao termo ideia, supõe-se que geralmente denota algo que existe fora da mente; em segundo lugar, porque coisa tem um significado mais compreensivo[15] do que ideia, pois inclui mentes e coisas pensantes, além de ideias.

Portanto, como os objetos dos sentidos existem só na mente e são em si mesmos não pensantes e inativos, prefiro designá-los com a palavra ideia, a qual implica essas propriedades.

40.

Mas diga eu o que diga, quem sabe sempre tenha alguém que esteja disposto a responder-me que continuará acreditando em seus sentidos e que nunca aceitará argumento algum, por plausível que seja, que prevaleça sobre a certeza que tenham dos próprios sentidos. Que assim seja; defenda você a evidência dos sentidos quanto lhe agrade, que nós faremos o mesmo. Aquilo que eu vejo, ouço e sinto existe, isto é, é percebido por mim, é um pouco do que não tenho mais dúvida do que de meu próprio ser. Mas não vejo como pode alegar-se o depoimento dos sentidos como prova da existência de algo que não é percebido pelos sentidos.

Não estamos aqui advogando em favor de que um homem se torne cético e desacredite de seus sentidos. Muito pelo contrário, estamos dando aos sentidos toda a força e apoio imagináveis. E não há tampouco princípios mais opostos ao ceticismo dos que estabelecemos, como mais adiante ficará claramente exposto.

41.

Em segundo lugar, será objetado que há uma grande diferença, por exemplo, entre o fogo real e a ideia de fogo; entre o sonhar ou imaginar-se queimando, e o fato de estar realmente se queimado. Essa e outras objeções semelhantes poderão esgrimir-se em oposição ao que mantenho. A resposta a todas essas objeções é evidente e se depreende do que já se disse. Só adicionarei neste lugar que se o fogo real é muito diferente da ideia de fogo, também ocorre que a dor real que produz é muito diferente da ideia dessa mesma dor; e, no entanto, ninguém pretenderá que a dor real seja ou possa ser jamais algo que se dê numa coisa não perceptível ou fora da mente, como também não pode sê-lo a ideia da dita dor.

42.

Em terceiro lugar, objetar-se-á que de fato vemos coisas externas à distância e que, portanto, essas coisas não existem na mente, pois seria absurdo que o que se vê a uma distância de várias milhas pudesse estar tão próximo de nós como nossos próprios pensamentos. Como resposta a isso, desejo que se considere que, com frequência, num sonho percebemos como existentes coisas que estão a uma grande distância de nós, apesar de que se reconheça que essas coisas só têm existência na própria mente.

43.

Mas, a fim de esclarecer esse assunto com maior detalhe, valerá a pena considerar como percebemos com a visão a distância e as coisas que se acham situadas à distância. Pois como em verdade vemos o espaço exterior e corpos que nele existem realmente, alguns mais perto, outros mais longe, parece implicar uma verdadeira oposição ao que foi dito em referência a que não existem em outro lugar que na mente. A consideração dessa dificuldade foi o que deu origem a meu *Ensaio para uma nova teoria da visão*[16], que foi publicado não faz muito.

Nela se mostra que a distância ou exterioridade nem é imediatamente percebida pela vista, nem é tampouco captada ou julgada por linhas, ângulos ou qualquer outra coisa com a qual esteja necessariamente conectada, senão que é somente sugerida a nossos pensamentos por certas ideias e sensações que acompanham a visão e que em sua própria natureza não têm nenhum modo de semelhança ou relação nem com a distância, nem com as coisas à distância. Muito pelo contrário, por meio de uma conexão que nos é ensinada pela experiência, essas ideias e sensações as significam e sugerem a nós, do mesmo modo que as palavras de um idioma nos sugerem as ideias que representam. A tal ponto é isso assim, que um cego de nascimento, que depois recobrasse a vista, não pensaria a princípio que as coisas por ele vistas estão fora de sua mente ou afastadas dele. Veja a Seção 14 do tratado acima mencionado.

44.

As ideias da visão e do tato formam duas espécies inteiramente diferentes e heterogêneas. *As primeiras são signos e antecipações das segundas*. Que os objetos próprios da visão não existem fora da mente nem são imagens de coisas externas já foi mostrado neste tratado. E ainda que o caso seja exatamente o mesmo, poderá supor-se que o contrário seja verdade quando falamos de objetos tangíveis. Isso não significa que pressupor este erro vulgar fosse necessário para estabelecer a noção que ali ficou exposta, mas caía então fora de meu propósito examiná-lo e refutá-lo num discurso que se referia à visão. De maneira que, em estrito acordo com a verdade, as ideias da visão, quando por meio delas apreendemos a distância e as coisas à distância, não nos sugerem nem nos indicam que de fato há coisas que existem à distância, senão que se limitam a anunciar-nos que ideias do tato serão impressas em nossa mente em tais ou quais intervalos de tempo e como consequência de tais ou quais atos[17].

Afirmo, portanto, que do que se disse nas partes precedentes deste tratado, e na Seção 147 e nas demais que compõem meu ensaio sobre a visão, as ideias visíveis são a linguagem pela qual a mente, gerenciadora do que dependemos, nos informa a respeito de quais terão de ser as ideias tangíveis que vai imprimir em nós, caso suscitemos tal ou qual movimento em nossos próprios corpos. Para uma informação mais completa, remeto o leitor ao ensaio em questão.

45.

Em quarto lugar, pode-se objetar que dos princípios precedentes, segue-se que as coisas são em cada instante aniquiladas e criadas de novo. Os objetos do sentido só existem quando são percebidos: portanto, as árvores estão no jardim, ou as cadeiras no salão, somente enquanto tenha alguém que os perceba. Quando fechamos os olhos, todos os móveis dessa habitação serão reduzidos a nada; e mal volte-se a abri-los, esses móveis serão criados novamente. Em resposta a tudo isso, remeto o leitor ao que se disse nas Seções 3, 4 etc., e peço-lhe que considere se verdadeiramente está significando alguma coisa diferente de seu ser percebida, quando fala da existência real de uma ideia. Por minha parte, e depois de pesquisar o assunto com a maior sutileza do que sou capaz, não posso ver como poderia significar outra coisa com essas palavras.

E uma vez mais convido o leitor a analisar seus próprios pensamentos e a não se deixar levar pelas palavras. Se puder conceber como possível o que suas ideias ou seus arquétipos existam sem ser percebidos, então eu me darei por vencido; mas se não puder conceber tal coisa, então terá que reconhecer que não seria razoável por sua vez sair em defesa do que não sabe o que é, e acusar-me de absurdo por não dar meu consentimento a essas proposições que no fundo carecem de significado.

46.

Não estará fora de lugar que eu observe aqui quão suscetíveis são os reconhecidos princípios da filosofia terem caído eles mesmos no absurdo de que a mim se me acusa. Pois se pensa que é extremamente absurdo que pelo fato de fechar eu as pálpebras, todos os objetos visíveis que me rodeiam fiquem reduzidos a nada; e no entanto, não é isto o que geralmente reconhecem os filósofos quando estão de acordo em que a luz e as cores, que são os únicos e próprios objetos imediatos da vista, são meras sensações que só existem enquanto são percebidas?

Quem sabe possa parecer a alguns totalmente incrível que as coisas estejam se criando a cada momento; mas essa mesma noção é a que nos ensina a filosofia escolástica. Porque os escolásticos, ainda que admitam a existência da matéria e digam que toda a estrutura do mundo é feita dela, são, no entanto, da opinião de que essa matéria não pode subsistir sem a conservação divina, a qual é explicada por eles como uma contínua criação.

47.

Mais ainda: refletindo um pouco, descobriremos que, ainda que admitamos a existência da matéria ou substância corpórea, se seguirá necessariamente dos princípios que hoje são universalmente admitidos que os corpos particulares, quaisquer que estes sejam, não existem enquanto não são percebidos.

Porque é consequência evidente da Seção 11 e das seguintes, que a matéria que os filósofos admitem e defendem é uma coisa incompreensível que não tem nenhuma dessas qualidades particulares pelas quais os corpos que caem sob nossos sentidos se distinguem uns dos outros.

Mas para tornar isso claro deve fazer-se notar que a infinita divisibilidade da matéria é hoje universalmente admitida, pelo menos por aqueles filósofos que são em maior medida estimados e considerados, os quais estão demonstrando a infinita divisibilidade, sem exceção alguma e baseando-se nos princípios reconhecidos.

Disso se segue que há um número infinito de partes em cada partícula de matéria, as quais não são percebidas pelos sentidos. A razão, portanto, de que um corpo particular pareça ser de magnitude finita ou mostre somente um número finito de partes aos sentidos, não se deve a que não as tenha mais, já que em si mesmo contém um número infinito delas, mas a que o sentido não é suficientemente agudo para discerni-las. Portanto, à medida que os sentidos se tornam mais agudos, percebem um maior número de partes no objeto, isto é, que o objeto se mostra maior e sua figura varia; pois aquelas partes de suas extremidades que antes não tinham sido percebidas, limitam-no agora em linhas e ângulos muito diferentes dos que tinham sido percebidos por um sentido menos acurado.

E com o tempo, depois de várias mudanças de medida e figura, quando os sentidos chegam a ser infinitamente agudos, o corpo se mostrará infinito. Durante todo este processo não há alteração no corpo, senão apenas nos sentidos. Portanto, cada corpo é, considerado em si mesmo, infinitamente extenso e, em consequência, desprovido de toda forma ou figura. Disso se segue que ainda que concedêssemos que a existência da matéria fosse sempre indiscutível, seria igualmente verdadeiro que os próprios materialistas, em virtude dos princípios em que se baseiam, são levados forçosamente a reconhecer que nem os corpos particulares percebidos pelos sentidos, nem nada semelhante existe fora da mente. Digo que a matéria e cada parte dela é, de acordo com os materialistas, infinita e sem forma; e que é a mente a que configura toda a variedade de corpos que compõem o mundo visível, cada um dos quais existe somente enquanto é percebido.

48.

Se nos determos a considerá-la, a objeção proposta na Seção 45 não pode referir-se aos princípios que estabelecemos e não pode em verdade tomar-se como objeção contra nenhuma de nossas noções. Pois ainda que afirmemos, certamente, que os objetos dos sentidos não são senão ideias que não podem existir se não são percebidas, não se pode disso concluir que não têm existência exceto quando são percebidas por nós, já que pode ter outra mente que as perceba, ainda que nós nada saibamos delas. Sempre que digo que os corpos carecem de existência fora da mente, não se deve entender que estou me referindo a esta ou àquela mente em particular, senão a todas as mentes, quaisquer que estas sejam. Por conseguinte, dos princípios precedentes não se segue que os corpos sejam aniquilados e criados de novo a cada momento, nem que deixem de existir por completo durante os intervalos que têm lugar entre nossas percepções deles.

49.

Em quinto lugar, poderá quem sabe objetar-se que se a extensão e a figura existem somente na mente, disso terá de seguir-se que a mente é *de per si* extensa e configurada, já que a extensão é um modo ou atributo que (para dizê-lo na linguagem da escolástica) é predicado do sujeito em que existe. A isto respondo que essas qualidades estão na mente só como são percebidas por ela, isto é, não como um modo ou atributo, senão como uma ideia. E como não se deduz que a mente seja extensa porque a extensão exista só nela, assim também não pode deduzir-se que a mente seja vermelha ou azul porque todos admitem que essas cores existem nela e nada mais que nela. E quanto ao que os filósofos dizem a respeito do sujeito e do modo, parece ser algo sem fundamento e ininteligível.

Por exemplo, na proposição "um dado é duro, extenso e quadrado", dizem que a palavra dado denota um sujeito ou substância, como algo diferente da dureza, a extensão e a figura que dele se predicam e em que existem. E isto não posso compreendê-lo; a mim, um dado não me parece nada diferente dessas coisas às que se lhes dá a denominação de modos ou acidentes próprios. E dizer que um dado é duro, extenso e quadrado não é atribuir essas qualidades a um sujeito diferente que lhes dá suporte, senão só uma explicação da palavra dado.

50.

Em sexto lugar, poderá objetar-se que houve muitíssimas coisas que se explicaram pela matéria e o movimento; e que se se tiram estes, ficaria destruída toda a filosofia corpuscular e se derrubariam esses princípios mecânicos que se aplicaram com tanto sucesso para dar uma explicação aos *phenomena* (fenômenos). Em breve, que todos os avanços que foram conseguidos pelos filósofos antigos e modernos no estudo da natureza, procedem da suposição de que a substância corpórea, ou matéria, existe realmente. A isso respondo que não há nenhum *phenomenon* (fenômeno) explicado segundo essa suposição, que não possa explicar-se também sem a dita suposição, como pode ver-se claramente por uma indução de particulares. Explicar os *phenomena* é o mesmo que mostrar por que em tais ou quais ocasiões somos afetados por determinadas ideias. Mas explicar como a matéria pode operar numa mente ou produzir nele uma ideia, é algo que nenhum filósofo pretenderá fazer.

É, portanto, evidente, que não pode fazer-se uso da matéria na filosofia natural. Ademais, quem tenta dar uma explicação das coisas, não o faz recorrendo à substância corpórea, mas à figura, ao movimento e a outras qualidades que, em verdade, não são senão meras ideias e que, portanto, não podem ser causa de nada, como já demonstramos. Veja Seção 25.

51.

Em sétimo lugar, se nos for perguntado: não parece absurdo eliminar as causas naturais e reduzir tudo a uma imediata operação das mentes? Pois segundo estes princípios, já não poderemos dizer que o fogo esquenta e que a água refresca, mas que é uma mente o que esquenta etc. Não mereceria um homem ser ridicularizado por falar desse modo? E respondo que sim, o mereceria; pois em assuntos dessa classe, devemos pensar como os sábios e falar como os ignorantes.

Aqueles que por demonstração estão convictos da verdade do sistema copernicano, dizem, no entanto, que o sol se levanta, que o sol se põe, ou que chega a seu meridiano; e se por um ato de afetação adotassem na conversa comum um novo estilo de falar, sem dúvida que apareceriam como ridículos. Refletindo um pouco sobre o que aqui se disse, se verá de maneira manifesta que o uso comum da linguagem não tem que sofrer alteração ou mudança pelo fato de admitir o que aqui mantemos.

52.

Nos assuntos ordinários da vida, qualquer frase pode ser conservada desde que suscite em nós os sentimentos apropriados ou a disposição a atuar de acordo com o que é necessário para nosso bem-estar, ainda que a linguagem que empreguemos seja falsa num estrito sentido especulativo. E mais, isso terá de ser inevitável; pois como o que consideramos apropriado vem determinado pelo costume, a linguagem está apta para expressar opiniões que foram geralmente admitidas, ainda que nem sempre sejam as mais verdadeiras.

Dessa maneira é impossível, até nos raciocínios filosóficos mais rigorosos, alterar a inclinação e o gênio da língua que falamos, dando assim bom pretexto para que os desdenhosos da linguagem acreditem ver no que dizemos inexatidões e inconsistências.

No entanto, um leitor honesto e inteligente captará o sentido de um discurso baseando-se na intenção, no tom e na sua concatenação, perdoando esses inexatos giros da linguagem que o uso os tornou inevitáveis.

53.

Quanto à opinião de que não há causas corpóreas, já foi mantida por alguns escolásticos e, nestes últimos tempos, por alguns filósofos modernos que, conquanto reconheçam que a matéria não existe, sustentam que é somente Deus que é a causa eficiente de todas as coisas[18]. Estes homens têm visto que, entre todos os objetos dos sentidos, não havia nenhum que tivesse em si poder ou atividade alguma e que, em consequência, isto era também verdade aplicada a qualquer corpo que se supusesse existente fora da mente, bem como aos objetos imediatos dos sentidos. Mas que esses filósofos suponham que há uma inumerável multidão de seres criados, e reconheçam que estes não podem produzir na natureza efeito algum e que, portanto, foram criados sem propósito, já que Deus poderia também ter feito tudo sem eles, é algo que, ainda que pudéssemos admiti-lo como possível, pode ser visto como uma suposição muito extravagante e difícil de justificar.

54.

Em oitavo lugar, o consenso universal da humanidade poderia ser considerado por alguns como argumento invencível em favor da matéria ou da existência de coisas externas. Temos que supor que todo mundo está equivocado? E se é assim, que causa poderíamos atribuir a erro tão predominante e estendido? A isto respondo, em primeiro lugar, que, se levarmos a cabo um escrutínio rigoroso, talvez possamos descobrir que aqueles que verdadeiramente acreditam na existência da matéria ou de coisas exteriores à mente não são tantos como imaginávamos. Estritamente falando, acreditar em algo que implica uma contradição ou que não tem significado em si é impossível; e que as expressões precedentes não sejam contraditórias, é coisa que submeto ao exame imparcial do leitor.

Certamente, num sentido poderia dizer-se que os homens creem que a matéria existe, isto é, que atuam como se a causa imediata de suas sensações, que os afeta a cada momento e se lhes apresenta de maneira tão próxima, fosse algum ser insensível e não pensante. Mas que os homens aprendam claramente um significado derivado dessas palavras e se formem a partir daí uma firme opinião especulativa, é o que não sou capaz de conceber. E não é essa a única ocasião em que os homens se enganaram ao imaginar que acreditam em uma série de proposições que ouviram muitas vezes, ainda que no fundo careçam de significado.

55.

Adiciono, em segundo lugar, que embora devamos admitir que há opiniões que recebem firme e universal consenso, isso é argumento muito débil em favor de seu valor, se consideramos a enorme quantidade de preconceitos e de falsas opiniões que foram adotados em todas partes, com a maior tenacidade, por homens incapazes de refletir (os quais constituem a maioria do gênero humano). Houve um tempo em que os antípodas e o movimento da terra foram consideradas como absurdos monstruosos, inclusive por homens de saber; e se pensarmos na escassa influência que essas noções têm hoje numa grande parte da humanidade, veremos que mal se ganhou terreno no mundo.

56.

Mas se nos for pedido que atribuamos uma causa a este preconceito e que expliquemos por que se estabeleceu no mundo, respondo que os homens, sabendo que percebiam várias ideias das quais eles não eram os autores, pois estas não lhes vinham suscitadas de dentro, nem dependiam da operação de sua vontade, isso os levou a sustentar que essas ideias ou objetos de percepção tinham uma existência exterior, independente da mente; e nem sonharam jamais que uma contradição ia implícita nessas palavras.

Mas os filósofos, ao verem claramente que os objetos imediatos da percepção não existem sem a mente, corrigiram em alguma medida o erro do vulgo; mas, ao mesmo tempo, caíram em outro que não é menos absurdo, a saber: que há certos objetos que verdadeiramente existem fora da mente ou que têm uma subsistência diferente da de ser percebidos, e dos quais nossas ideias são somente imagens ou semelhanças impressas na mente por esses objetos. E essa noção dos filósofos deve sua origem à mesma causa que deu lugar à primeira, a saber: a consciência de que eles não foram os autores de suas próprias sensações, as quais sabiam com evidência que lhes tinham sido impressas externamente, e que, portanto, deviam ter uma causa diferente das mentes nas quais estavam impressas.

57.

Mas o que lhes fez supor que as ideias dos sentidos nos vêm suscitadas por coisas semelhantes a elas, em lugar de recorrer à mente, a qual é a única que pode agir, pode explicar-se em razão de que, em primeiro lugar, não atinaram com a contradição que implica supor que há coisas que se parecem com as nossas ideias e que existem fora da mente e atribuir-lhes poder ou atividade. Em segundo lugar, porque a mente suprema que suscita essas ideias em nossa mente não está marcada e delimitada ante a visão por nenhuma finita correlação particular de ideias sensíveis, como o estão os agentes humanos por sua medida, sua pele, seus membros e seus movimentos. E em terceiro lugar porque suas operações são regulares e uniformes. Sempre que o curso da natureza é interrompido por um milagre, os homens estão predispostos a admitir a presença de um agente superior.

Mas quando vemos que as coisas seguem um curso ordinário, estas não suscitam em nós nenhuma reflexão; sua ordem e concatenação, ainda que sejam um argumento que prova a imensa sabedoria, poder e bondade de seu criador, nos são tão constantes e familiares, que não pensamos que são efeitos imediatos de uma mente livre; e não o pensamos, especialmente porque a inconstância e a mutabilidade no atuar, ainda que sejam uma imperfeição, costumam considerar-se como um sinal de liberdade.

58.

Em décimo lugar, pode-se objetar que as noções que aqui mantemos são incompatíveis com várias verdades indiscutíveis na ordem da filosofia e da matemática. Por exemplo, o movimento da terra é hoje universalmente admitido pelos astrônomos como uma verdade fundamentada nas mais claras e convincentes razões; mas, segundo os princípios precedentes, não poderia haver tal coisa, pois o movimento, ao ser unicamente uma ideia, segue-se disso que se não é percebido, não existe; e ocorre que o movimento da terra não se percebe pelos sentidos. A isto respondo que essa afirmação, se é corretamente entendida, se verá que está em consonância com os princípios que temos proposto, pois a questão de se a terra se move ou não, vem a ser na realidade somente esta, a saber: a de se temos razões para concluir, partindo do que foi observado pelos astrônomos, que se nos víssemos situados em tais ou quais circunstâncias, e em tal ou qual posição ou distância entre a Terra e o Sol, perceberíamos que a primeira se move entre o coro dos planetas e se mostra em todos os aspectos como um deles; e por virtude das estabelecidas leis da natureza, das quais não temos razão para desconfiar, isto se deduz razoavelmente partindo dos fenômenos.

59.

A partir da experiência que tivemos do encadeamento e sucessão de ideias em nossa mente, podemos muitas vezes fazer predições seguras e bem fundamentadas, e não unicamente incertas conjecturas, a respeito das ideias pelas quais seremos afetados de acordo com uma longa série de ações; e somos capazes de julgar claramente a respeito das aparições que teríamos no caso em que nos encontrássemos em circunstâncias muito diferentes das que nos rodeiam no presente.

Nisto consiste o conhecimento da natureza, o qual conserva sua utilidade e sua certeza conforme o que aqui se disse e é compatível com isso. E isso poderá aplicar-se a qualquer objeção semelhante que derive da magnitude das estrelas ou de qualquer outra descoberta em astronomia ou na natureza.

60.

Em décimo primeiro lugar, pode-se perguntar a que responde essa curiosa organização das plantas e o admirável mecanismo das partes dos animais. Pois não poderiam os vegetais crescer e deitar folhas e flores, e não poderiam os animais realizar todos seus movimentos tanto se tivessem toda essa variedade de partes internas tão elegantemente concebidas e encaixadas como se não as tivessem, já que, ao ser simplesmente ideias, nada há de poderoso ou operativo nelas, nem têm nenhuma conexão necessária com os efeitos que lhes atribuímos? Se é uma mente que imediatamente produz cada efeito por um *fiat* ou ato de sua vontade, nós nos veremos forçados a pensar que tudo que é sutil e artificial nas obras dos homens ou da natureza, foi feito em vão.

Segundo esta doutrina, ainda que um artífice tenha feito os ponteiros, as rodas e todas as partes do movimento de um relógio, e as tenha ajustado da maneira que ele sabia que ia produzir o movimento por ele projetado, estará obrigado a pensar que tudo o que fez carece de propósito, já que é uma inteligência a que marca a hora do dia.

E se isso é assim, por que essa inteligência não fabricou, ela mesma, o relógio, sem fazer o artífice assumir o incômodo de fabricar os movimentos e de coordená-los? Uma caixa de relógio vazia não serviria tão bem como qualquer outra? E como é que sempre há alguma falha na marcha de um relógio há uma desordem correspondente que se pode encontrar nos seus movimentos, os quais, depois de ser consertados por uma mão experiente, fazem que tudo funcione outra vez corretamente?

Pode-se dizer o mesmo do relógio da natureza, que grande parte é tão diminuta e sutil que mal se pode discernir com ajuda do melhor microscópio. Em suma, se nos for perguntado como, baseando-nos em nossos princípios, pode dar-se uma explicação tolerável, ou atribuir-se uma causa final a uma inumerável multidão de corpos e máquinas encaixadas com a arte mais extraordinária, aos quais a filosofia comum atribuiu usos muito apropriados que servem para explicar uma abundante quantidade de fenômenos?

61.

A tudo isso respondo, em primeiro lugar, que, ainda que tivesse algumas dificuldades com relação à administração da providência e aos usos que ela atribuiu às diferentes partes da natureza – dificuldades que eu não poderia resolver aderindo aos princípios anteriores –, esta objeção teria muito pouco peso se se a compara com a verdade e certeza daquelas coisas que podem provar-se *a priori* com a máxima evidência. Em segundo lugar, também não estão livres de dificuldades os princípios que foram geralmente admitidos; pois poderíamos perguntar-nos com que fim teria Deus adotado esses métodos indiretos de efetuar as coisas servindo-se de instrumentos e máquinas, quando ninguém nega que isso mesmo poderia tê-lo feito sem todo esse *apparatus*, mediante um simples ato de volição. E mais: se observarmos de perto a objeção que surge, veremos que esta pode voltar-se contra quem sustenta a existência dessas máquinas à margem da mente; porque já se evidenciou que a solidez, o tamanho, a figura, o movimento e coisas similares não têm em si mesmos atividade ou eficácia e não são capazes de produzir efeito algum na natureza. Veja a Seção 25. Portanto, quem quer que suponha que existem (admitindo que tal suposição fosse possível) quando não são percebidos, é claro que o faz sem propósito algum; pois o único uso que se lhes atribui ao dizer que existem sem ser percebidos é que produzem esses efeitos perceptíveis que, certamente, só podem ser descritas por uma coisa que seja mente.

62.

Mas, a fim de examinar a dificuldade mais de perto, temos de observar que, embora a criação de todas essas partes e órgãos não fosse absolutamente necessária para produzir efeito algum, é necessária realmente para a produção de coisas de uma maneira constante e regular em conformidade com as leis da natureza. Há certas leis gerais que estão presentes em toda a corrente de efeitos naturais; e estas leis as aprendemos mediante a observação e o estudo da natureza e são aplicadas pelos homens, tanto na criação de coisas artificiais para uso e ornamento da vida, como para a explicação dos variados *phenomena*. Essa explicação consiste unicamente em mostrar a conformidade que tem um fenômeno particular com as leis gerais da natureza ou, o que é o mesmo, em descobrir a uniformidade que há na produção de efeitos naturais.

Isto parecerá evidente a quem preste atenção aos variados casos em que os filósofos tratam de dar uma explicação do que se lhes apresenta aos sentidos. Que o Supremo Criador seguiu esses métodos constantes e regulares no modo de realizar suas obras, é de uma evidência, como mostramos na Seção 31. E não é menos evidente que uma particular medida, uma particular figura, um particular movimento e uma particular disposição das partes, ainda que não sejam coisas absolutamente necessárias para produzir um efeito qualquer, assim o são para produzi-lo em conformidade com as leis mecânicas da natureza. Assim, por exemplo, é inegável que Deus, ou a inteligência que sustenta e rege o curso usual das coisas, poderia, se tivesse a intenção de realizar um milagre, causar todos os movimentos que têm lugar na esfera de um relógio, ainda que ninguém tivesse fabricado os mecanismos e os tivesse posto no interior de dito relógio; mas se quer atuar conforme às leis da mecânica como estabelecidas e mantidas na criação com um bom fim, então é necessário que essas ações do relojoeiro, mediante as quais se fabricam os movimentos e são por ele ajustados, precedam a ditos movimentos; e é também necessário que qualquer falha que tenha lugar neles, seja acompanhada da percepção de uma falha correspondente nos mecanismos, os quais, uma vez que foram consertados, farão que tudo volte a funcionar corretamente.

63.

Poderá haver ocasiões, certamente, nas quais o Autor da Natureza demonstre seu poder superior produzindo alguma aparência que saia da usual ordem das coisas. Essas exceções às regras da natureza são apropriadas para surpreender e assombrar os homens, levando-os ao reconhecimento do ser Divino. No entanto, devem ser usados muito poucas vezes; pois, caso contrário, não conseguiriam produzir esse efeito.

Ademais, Deus parece ter escolhido convencer a nossa razão dos atributos divinos servindo-se das obras da natureza, as quais dão mostra de tanta harmonia e planejamento e são indicações claras da sabedoria e da bondade de seu autor, em vez de surpreender-nos com acontecimentos anômalos e inusitados para fazer-nos assim acreditar em seu *Ser*.

64.

A fim de lançar mais luz sobre este assunto, farei a observação que se objetou na Seção 60 e que se reduz na realidade a isto: as ideias não se produzem de qualquer modo e sem organização alguma, pois há entre elas uma verdadeira ordem e uma verdadeira concatenação, como a que se dá entre a causa e o efeito; há também diversas combinações delas, que têm lugar de maneira muito regular e sofisticada. Isso é como se houvesse muitos instrumentos nas mãos da natureza, que estando, por assim dizer, entre bastidores, realizam uma operação secreta e produzem essas aparições que vemos no teatro do mundo. E esses instrumentos só podem discerni-los o curioso olhar do filósofo. Mas como uma ideia não pode ser causa de outra, para que propósito serve essa concatenação? E como esses instrumentos, ao serem ineficazes percepções que têm lugar na mente, não servem para a produção de efeitos naturais, teremos de perguntar-nos por que foram feitos ou, em outras palavras, que razão poderia dar-se para que Deus nos fizesse, ao examinar mais de perto suas obras, contemplar essa grande variedade de ideias tão destramente concatenadas e reguladas. Poderíamos crer que Deus fez todo esse gasto (se fora permissível falar assim) de arte e de regularidade, sem que isso sirva a propósito algum?

65.

A tudo isso respondo, em primeiro lugar, que a concatenação de ideias não implica uma relação de causa e efeito, senão unicamente um sinal ou signo da coisa significada. O fogo que vejo não é a causa da dor que eu sofro ao estar muito perto dele, senão o sinal que me adverte de dita dor. Do mesmo modo, o ruído que ouço não é o efeito de tal ou qual movimento ou colisão de corpos no espaço que me rodeia, senão o signo desse movimento ou colisão.

Em segundo lugar, a razão pela qual as ideias se combinam formando máquinas, isto é, combinações artificiais e regulares, é a mesma que faz com que as letras se combinem para formar palavras. Para que umas poucas ideias originais possam chegar a significar um grande número de efeitos e ações, é necessário que se combinem entre si de diversas maneiras; e a fim de que seu uso seja permanente e universal, essas combinações devem fazer-se segundo uma regra e com um plano sábio. Por estes meios se nos dá abundante informação a respeito do que devemos esperar de tais ou quais ações, e por isso tem de se tomar meios apropriados para suscitar tais ou quais ideias.

Tudo isso é o que eu concebo claramente o que se quer dizer quando afirmamos que mediante o discernimento da figura, do textura e do mecanismo das partes interiores dos corpos, sejam estes naturais ou artificiais, podemos chegar a conhecer os variados usos e propriedades que dependem deles, ou a natureza da coisa.

66.

Disso fica evidente que essas coisas que são completamente inexplicáveis e nos levam a grandes absurdos quando recorremos à noção de uma causa que coopera ou coincide na produção de efeitos, podem explicar-se muito naturalmente e pode-se atribuir um uso apropriado e óbvio quando as consideramos unicamente como sinais ou signos para nossa informação. E é a busca e o empenho natural em entender esses signos instituídos pelo Autor da Natureza o que deve constituir a lide do filósofo, e não a pretensão de explicar as coisas por causas corpóreas. Pois essa doutrina das causas parece ter distanciado as mentes dos homens desse princípio ativo, desse Supremo e a mente sábia em quem vivemos, nos movemos e temos nossa existência.

67.

Em décimo segundo lugar, quem sabe se possa objetar que – ainda que daquilo que aqui foi dito esteja claro que não pode subsistir tal coisa como uma substância inerte, insensível, sólida, com figura e com movimento e com existência fora da mente que equivalha ao que os filósofos descrevem dando-lhe o nome de matéria – ocorrerá, no entanto, que se um homem descarta sua ideia de matéria, isto é, as ideias positivas de extensão, figura, solidez e movimento, e diz que pelo termo matéria só quer significar uma substância inerte e insensível que existe fora da mente e sem ser percebida, a qual é a ocasião de nossas ideias, ou mediante cuja presença Deus se compraz em suscitar ideias em nós, poderá parecer, certamente, que a matéria assim entendida tenha a possibilidade de existir. A isso respondo dizendo, primeiro, que não é menos absurdo supor uma substância sem acidentes, que supor acidentes sem uma substância. E, em segundo lugar, que embora concedamos que essa substância desconhecida possa existir, onde suporemos que está? Estamos de acordo em que não existe na mente; mas não é menos verdadeiro que também não exista em nenhum lugar, já que toda extensão existe só na mente, como já provamos. Podemos, então, concluir que não existe em nenhuma parte em absoluto.

68.

Examinemos um pouco a descrição que é feita da *matéria*. É uma coisa que nem atua, nem percebe, nem é percebida, pois isso é o que se quer dizer quando se afirma que é uma substância inerte, insensível e desconhecida. Esta é uma definição composta de negações, exceto a relativa noção de suporte. Mas, então, temos de fazer a observação de que não dá suporte a nada em absoluto. E quero que o leitor considere se isso não se aproxima muito da descrição de uma não entidade. Mas me diz você que é a ocasião desconhecida em presença da qual as ideias são suscitadas em nós pela vontade de Deus.

No entanto, desejaria saber como poderia fazer-se presente algo que não é perceptível nem pelos sentidos nem pela reflexão, que não é capaz de produzir nenhuma ideia em nossa mente, que não é extenso, e que tampouco tem forma ou exista em nenhum lugar. A expressão "estar presente", quando assim aplicada, tem que ser tomada num sentido abstrato e estranho, que eu não sou capaz de compreender.

69.

Examinemos uma vez mais o que significa ocasião. Do que consigo deduzir do uso comum da linguagem, essa palavra significa ou bem o agente que produz algum efeito, ou algo que observamos que o acompanha ou o precede no curso usual das coisas. Mas quando se aplica à matéria tal e como esta ficou descrita mais acima, não pode tomar-se em nenhum desses sentidos. Porque se diz que a matéria é passiva e inerte e, portanto, não pode ser nem agente nem causa eficiente.

É também imperceptível, já que está desprovida de todas as qualidades sensíveis; e assim, não pode ser a ocasião de nossas percepções no segundo sentido que dávamos à palavra ocasião, ao dizermos que o queimar-se o dedo é a ocasião da dor que disso se segue. O que se quer, pois, quando se chama matéria uma ocasião? Ou bem este termo é utilizado sem sentido algum, ou bem se usa num sentido muito longe do significado que acostumamos dar-lhe.

70.

Pode-se dizer que a matéria, ainda que não seja percebida por nós, é no entanto percebida por Deus, para o qual ela é a ocasião para suscitar ideias em nossa mente. Pois diga-me você que, como observamos que nossas sensações são impressas de uma maneira ordenada e constante, é razoável supor que há certas ocasiões constantes e regulares de que se produzam. Isto é, que há certas permanentes e diferentes parcelas de matéria que se correspondem com nossas ideias, conquanto não as suscitem em nossa mente. E ainda que não nos afetem de nenhum modo, pois são absolutamente passivas e imperceptíveis para nós, são, no entanto, a Deus, por quem são percebidas como ocasiões que lhe recordam quando e quais ideias vai imprimir em nossa mente para que as coisas sigam um curso constante e uniforme.

71.

Em resposta a isso, faço a observação que, tal como a noção de matéria é aqui exposta, a questão não se refere à existência de uma coisa diferente da mente e da ideia, isto é, do perceber e do ser percebido, senão à questão de se há certas ideias — não sei de que tipo — na mente de Deus, as quais vêm a ser sinais ou notas que lhe servem de direção para produzir sensações em nossa mente segundo um método constante e regular; algo muito semelhante ao modo pelo qual um músico é dirigido pelas notas musicais para produzir essa harmoniosa série e composição de sons que recebe o nome de melodia, sem que quem escute a música perceba as notas e as ignore por completo. Mas essa noção de matéria parece demasiado extravagante para merecer ser refutada. Ademais, não constitui em si objeção ao que aqui defendemos, a saber, que nao há substância que seja insensível e não percebida.

72.

Se seguirmos a luz da razão, poderemos, a partir do constante e uniforme método pelo qual se regem nossas sensações, deduzir a bondade e a sabedoria do Espírito que suscita essas sensações em nossa mente. Mas isso é tudo o que se pode concluir. Digo que, para mim, é evidente que a existência de um espírito infinitamente sábio, bom e poderoso é de sobra suficiente para explicar tudo o que se nos mostra na natureza. Mas no que se refere a uma matéria inerte e insensível, nada do que percebo tem a menor conexão com ela, nem nos leva a pensar nela. Eu me alegraria ver que alguém fosse capaz de explicar, por meio dela, o menor *phenomenon* da natureza, ou que me mostrasse algum raciocínio que, sequer com mínima probabilidade, pudesse lutar em favor de sua existência, ou que pudesse dar um sentido ou significado tolerável a essa suposição. Pois no que se refere a seu papel de ocasião, creio que já mostramos com evidência que para nós não é ocasião alguma. Só restaria, portanto, que fosse uma ocasião para que Deus suscitasse ideias em nós; e o que isto quer dizer, acabamos já de vê-lo.

73.

Vale a pena refletir um pouco a respeito dos motivos que induziram os homens a supor a existência da substância material. E observando a gradual cessação e morte desses motivos ou razões, poderemos proporcionalmente retirar nosso consentimento que estava baseado neles. Assim, em primeiro lugar, pensava-se que a cor, a figura, o movimento e o resto das qualidades sensíveis ou acidentes, existiam fora da mente. E por essa razão parecia necessário supor algum substrato ou substância não pensante em que essas qualidades sensíveis existiam, já que não podia conceber-se que existissem por si mesmas. Depois, conforme foi passando o tempo, ao estar os homens convencidos de que as cores, os sons e o resto das qualidades sensíveis secundárias careciam de existência fora da mente, eliminaram esse substrato ou substância material das qualidades sensíveis secundárias, deixando só as primárias, isto é, a figura, o movimento, e outras semelhantes, as quais eram ainda concebidas como existentes fora da mente e, em consequência, com necessidade de um suporte material.

Mas, tendo-se já demonstrado que nem sequer essas últimas qualidades podem existir que não seja num espírito ou mente que as perceba, segue-se disso que não temos já razão alguma para supor a existência da matéria. E mais: descobrimos que é absolutamente impossível que haja tal coisa, enquanto continuemos tomando essa palavra para denotar um substrato não pensante que dá suporte às qualidades ou acidentes, e naquilo que estes existem com independência da mente.

74.

Os próprios materialistas concedem que se pensou na matéria apenas para dar suporte aos acidentes. Eliminada essa razão, alguém poderia esperar que a mente abandonasse, sem a menor resistência, a crença de que estava unicamente baseada nessa razão. No entanto, o preconceito está arraigado tão profundamente em nosso pensamento, que não conseguimos nos desfazer dele; e vemo-nos, portanto, inclinados a manter pelo menos o nome de matéria, já que a coisa em si mesma é indefensável.

E a esse nome aplicamos noções abstratas de existência ou ocasião, ainda que sem razão alguma, segundo posso ver. Pois que há em nós, ou que percebemos entre todas essas ideias, sensações, noções que ficam impressas em nossa mente por meio dos sentidos ou da reflexão, de que possamos inferir a existência de uma ocasião inerte, não pensante e não percebida? E, por outro lado, que há que se possa fazer-nos crer ou sequer suspeitar que uma mente autossuficiente tenha que ser dirigida por uma ocasião inerte para suscitar ideias em nossas mentes?

75.

É um exemplo extraordinário dos extremos a que pode chegar a força do preconceito, e é realmente de lamentar, que a mente humana tenha tanta afeição, contra toda evidência racional, a um estúpido "algo" que está privado de pensamento, por cuja interposição a mente ficaria, por assim dizer, separada da providência de Deus, afastando-o dos assuntos do mundo. Mas ainda que façamos todo o possível para assegurar a crença na matéria; ainda que, quando a razão nos abandona, tratemos de dar apoio à nossa opinião recorrendo à mera possibilidade da coisa; e ainda que nos deixemos levar totalmente por uma imaginação não regulada pela razão com o propósito de dar lugar a essa possibilidade, a conclusão de tudo isso é que há certas ideias desconhecidas na mente de Deus; pois isto, se é que é algo, é tudo o que posso conceber que significa ocasião com respeito a Deus. E isto, no fundo, não é estar argumentando em favor da coisa, mas do nome.

76.

Portanto, que haja tais ideias na mente de Deus e que possa dar-se o nome de *matéria*, é algo que não ponho em disputa.

Mas se você segue afeiçoado à noção de uma substância não pensante que dá suporte à extensão, ao movimento e às demais qualidades sensíveis, então me parece claro que é impossível que exista tal coisa. Pois é uma contradição que essas qualidades existissem numa substância não perceptiva ou que recebessem suporte dela.

77.

Mas você me diz que, ainda concedendo que não houvesse um suporte não pensante da extensão e das outras qualidades ou acidentes que percebemos, quem sabe pudesse haver alguma substância inerte, não perceptiva: um substrato de algumas outras qualidades tão incompreensíveis para nós como o são as cores para um cego de nascimento, ao não termos nós um sentido que se adapte a elas; mas que, se contássemos com um novo sentido, não duvidaríamos já de sua existência, como um cego que recobrou a visão não duvida da existência da luz e das cores. A isso respondo, em primeiro lugar, que se o que você quer dizer pela palavra matéria é somente o suporte desconhecido de qualidades desconhecidas, não importa que uma coisa assim exista ou não, já que não nos diz respeito em absoluto. Pois não vejo a vantagem em discutir sobre algo que não sabemos o que é, nem por que é.

78.

Em segundo lugar, se adquiríssemos um novo sentido, este só poderia proporcionar-nos novas ideias ou sensações. E então, teríamos as mesmas razões para negar a existência de ideias ou sensações numa substância não perceptiva, que as que já se apresentaram com relação à figura, ao movimento, à cor e a outras semelhantes. As qualidades, como já se mostrou, não são senão sensações ou ideias que existem só numa mente que as percebe. E isto é verdade, não só aplicado às ideias com as quais estamos agora familiarizados, senão também a todas as ideias possíveis, sejam quais forem.

79.

Mas você poderá insistir dizendo: Que importa que eu careça de razões para acreditar na existência da matéria? Que importa que eu não possa atribuir-lhe nenhum uso ou explicar nada com ela, ou inclusive conceber o que se quer dizer com essa palavra?

Ainda que isso fosse assim, diz-me você, não haveria contradição em afirmar que a matéria existe e que é, em geral, uma substância ou uma ocasião das ideias, embora, certamente, explicar o significado ou aderir a uma interpretação particular dessas palavras possa ser algo rodeado de grandes dificuldades.

A isto respondo dizendo que, quando as palavras se utilizam sem significado, podem pôr-se juntas à vontade, sem perigo de cair numa contradição. Poderia você dizer, por exemplo, que dois vezes dois é igual a sete, sempre que você declare que não está tomando as palavras dessa proposição em sua acepção ordinária, senão como signos de algo que você não sabe o que é. E por essa mesma razão, poderia você dizer que existe uma substância não pensante, sem acidentes, que é a ocasião de nossas ideias. E nós entenderemos por essa proposição tanto como entendemos pela outra.

80.

Em último lugar, você me dirá que se renunciamos à causa da substância material e asseguramos que a matéria é uma coisa desconhecida, algo que não é nem substância, nem acidente, nem mente, nem ideia; inerte, não pensante, indivisível, imóvel, inextensível e inexistente em lugar algum? Pois tudo o que se argui na contramão da substância, ou da ocasião, ou de qualquer outra noção positiva ou relativa da matéria, estará fora de lugar enquanto possamos dar nosso consentimento à definição negativa da matéria. A isto respondo dizendo que, se lhe parece bem, você poderá usar a palavra "matéria" no mesmo sentido em que outros homens usam a palavra "nada" e fazer que ambos os termos sejam equivalentes em seu estilo de falar. Porque, depois de tudo, isso é o que me parece que é o resultado dessa definição, cujas partes, quando as considero com atenção, já coletivamente, já separadas umas das outras, não vejo que produzam em minha mente nenhum efeito ou impressão que seja diferente do que me suscita o termo "nada".

81.

Quem sabe me responda você dizendo que na definição anterior está incluído algo que a distingue do nada, a saber, a ideia abstrata de entidade ou existência. Reconheço, certamente, que aqueles que afirmam que temos a faculdade de formar-nos ideias abstratas gerais, falam como se tivessem uma ideia assim, a qual é, segundo dizem, a mais abstrata e geral de todas, e a qual é para mim a mais incompreensível. Que há uma grande variedade de mentes, de graus e capacidades diferentes, cujas faculdades excedem em número e em amplitude as que o Autor de minha existência me concedeu, é algo que não tenho razões para negar. E, certamente, seria grande loucura e presunção de minha parte pretender determinar mediante meus escassos, limitados e estreitos recursos de percepção, que ideias tenha podido imprimir em ditas mentes o inextinguível poder da Mente Suprema. Pois, segundo consigo discernir, pode haver inumeráveis classes de ideias ou sensações tão diferentes entre si, e tão diferentes das que eu percebi, como o são as cores dos sons. Mas ainda que eu esteja mais do que disposto a reconhecer o limite do que é meu entendimento com respeito à infinita variedade de mentes e ideias que poderiam existir, digo também que seria, segundo suspeito, uma grave contradição e um jogo de palavras pretender que haja uma noção de entidade ou existência separada da mente ou ideia, do perceber e do ser percebido. Resta agora considerar as objeções que possam ser feitas por parte da religião.

82.

Há alguns que pensam que embora os argumentos em favor da existência real dos corpos, e que derivam da razão, não atinjam o grau de uma demonstração, as Sagradas Escrituras são, no entanto, tão claras neste ponto, que por si sós bastarão para convencer a todo bom cristão deque os corpos existem realmente e são algo mais do que meras ideias. Pois na Sagrada Escritura se relatam fatos inumeráveis que evidentemente supõem a realidade da madeira, das pedras, das montanhas, dos rios, das cidades e dos corpos humanos. A isso respondo que não há escrito algum, seja sagrado ou profano, que use significativamente estas palavras e outras semelhantes na acepção vulgar, que esteja em perigo de que questionemos sua verdade por causa de nossa doutrina. Que todas essas coisas existem realmente; que há corpos; que há, inclusive, substâncias corpóreas, é algo que, quando o tomamos em sua acepção vulgar, concorda, como já mostramos, com nossos princípios. A diferença entre coisas e ideias, realidades e quimeras, foi distintamente explicada[19]. E não creio que nem o que os filósofos chamam matéria, nem a existência de objetos fora da mente, sejam mencionados em parte alguma da Escritura.

83.

Repitamo-lo: haja ou não haja coisas externas, todo mundo está de acordo em que o uso apropriado de nossas palavras é o de marcar nossas concepções ou coisas, somente enquanto são conhecidas e percebidas; disso se segue claramente que, nas teses que expus, não há nada inconsistente com o uso correto e significativo da linguagem; e que o discurso, seja do tipo que seja, não ficará, sempre que for inteligível, afetado por minha doutrina. Mas tudo isso se deduz tão explicitamente do que foi dito nas premissas, que será desnecessário insistir mais nisso.

84.

Mas se poderá ainda pôr a objeção que os milagres perderiam muito de sua força e influência se se aceitassem meus princípios. Teremos de pensar que o bastão de Moisés não foi realmente convertido numa serpente, senão que só houve uma mudança de ideias nas mentes dos espectadores? Poderemos supor que nosso Salvador, no banquete do casamento de Caná, não fez mais do que atuar sobre a vista, o olfato e o gosto dos convidados, limitando-se a criar neles a aparência ou ideia de vinho? Poderia dizer-se o mesmo de todos os demais milagres, os quais, se se aceitam os princípios que foram estabelecidos anteriormente, deveriam ser considerados como meros enganos ou ilusões da fantasia. A esta objeção respondo afirmando que o bastão foi convertido numa serpente real, e que a água foi convertida em vinho real. Isto não contradiz em nada o que estabeleci, como se poderá ver com clareza nas Seções 34 e 35.

Esse assunto do real e do imaginário ficou, ademais, tão exaustivamente explicado, e nos referimos a ele tantas vezes, e as dificuldades a que pode dar lugar são tão facilmente refutáveis segundo o que se veio dizendo, que seria uma ofensa para o entendimento do leitor voltar a explicá-lo nesse lugar. Só farei a observação de que, se aqueles que estavam sentados à mesa viram e cheiraram e gostaram e beberam o vinho, e sentiram os seus efeitos, a mim não cabe dúvida de que aquele vinho era real.

De maneira que, no fundo, todos os escrúpulos a respeito dos milagres não têm lugar em nossos princípios, senão nos princípios tradicionalmente aceitos. E, portanto, a objeção opera mais a favor que na contramão do que foi dito.

85.

Tendo, pois, refutado as objeções, que tratei de pôr à luz mais clara dando-lhes toda a força e peso que pude, passo a examinar nossa doutrina em suas consequências. Algumas delas apareceu à primeira vista; várias difíceis e escuras questões nas quais se empregou muitíssima especulação, ficam, se se admite minha doutrina, eliminadas da filosofia. Pode a substância corpórea pensar? É a matéria infinitamente divisível? E como opera sobre a mente?

Estas e outras investigações semelhantes deram infinito entretenimento a filósofos de todas as épocas. Mas como essas questões dependem da existência da matéria, não podem ter lugar se se aceitam meus princípios. Há também outras muitas vantagens tanto no que se refere à religião como às ciências. E qualquer um poderá deduzir facilmente essas vantagens do que já se expôs. Mas isso ficará mostrado ainda mais claramente no que se segue.

86.

Dos princípios que estabelecemos segue-se que o conhecimento humano pode naturalmente ser reduzido a duas categorias: a das ideias e a das mentes. Trataremos de cada uma destas em ordem. Em primeiro lugar, pelo que se refere às ideias ou coisas não pensantes, nosso conhecimento se viu muito obscurecido e confundido e fomos levados a erros muito perigosos ao supor que há uma dupla existência dos objetos dos sentidos: uma inteligível, ou dentro da mente, e outra real e exterior à mente; e disso se deduziu que as coisas não pensantes têm em si mesmas uma subsistência natural, diferente daquela de ser percebidas por espíritos.

Isto, se não me equivoco, demonstrei que é uma noção absurda e sem fundamento, é a própria raiz do ceticismo. Pois enquanto os homens pensaram que as coisas reais existiam fora da mente e que seu conhecimento só podia considerar-se real se correspondia a coisas reais[20], não puderam estar certos de possuir nenhum conhecimento real em absoluto. Porque como se poderia saber que as coisas que são percebidas se conformam com as que não são percebidas, isto é, com coisas que existem fora da mente?

87.

A cor, a figura, o movimento, a extensão etc., quando se consideram como outras tantas sensações na mente, são perfeitamente conhecidos, pois nada há na sensação que não seja percebido. Mas se se olham como notas ou imagens que se referem a coisas ou arquétipos existentes fora da mente, então todos nos vemos arrastados ao *ceticismo*. Porque nós vemos unicamente as aparências e não as qualidades reais das coisas. O que sejam a extensão, a figura ou o movimento de algo, são coisas que a nós são impossíveis de conhecer em si mesmas de uma maneira real e absoluta; só as conhecemos na medida em que estão relacionadas com nossos sentidos e na proporção em que estes sejam afetados por elas. As coisas são sempre as mesmas; nossas ideias variam; e qual dessas ideias, se é que há alguma, é a que representa a verdadeira qualidade existente na coisa, é algo cuja determinação está fora de nosso alcance. De tal modo que, pelo que nós sabemos, tudo o que vemos, ouvimos e sentimos, pode ser um fantasma, uma vã quimera, e que não coincida em absoluto com coisas reais e existentes na *rerum natura*. Todo esse ceticismo provém da suposição de que há uma diferença entre coisas e ideias, e que as primeiras têm uma subsistência fora da mente, isto é, não percebida. Seria fácil estender-se sobre esse assunto e mostrar como os argumentos apresentados pelos céticos de todas as épocas dependem da suposição de que há objetos externos.

88.

Sempre que sigamos atribuindo uma existência real a coisas não pensantes, isto é, uma existência diferente da que lhes confere *o ser percebidas*, não só será impossível que conheçamos com clareza a natureza de algum ser real não pensante, senão também conhecer sequer que existe. Por isso vemos filósofos que desconfiam de seus sentidos e duvidam da existência do céu e da terra, de tudo o que veem ou sentem, inclusive de seus próprios corpos. E depois de empenharem-se em grande trabalho e luta mental, veem-se forçados a conceder que não podemos atingir um conhecimento autoevidente ou demonstrativo da existência de coisas sensíveis. Mas toda esta dúvida que tanto desorienta e confunde a mente e faz que a filosofia apareça como algo ridículo aos olhos do mundo, desvanece-se se damos um significado a nossas palavras e não perdemos tempo jogando com termos como absoluto, exterior, existir e outros parecidos que não sabemos o que significam. Posso duvidar de meu próprio ser, bem como do ser dessas coisas que atualmente percebo por meio dos sentidos. Pois é uma contradição manifesta que um objeto sensível seja imediatamente percebido pela visão ou pelo tato, e que ao mesmo tempo não tenha existência na natureza, já que a existência mesma de um ser não pensante consiste em ser percebido.

89.

Se quisermos erigir um firme sistema de conhecimento válido e real que constitua uma prova frente aos ataques do ceticismo, nada parece ser mais importante do que estabelecer seus fundamentos dando uma explicação clara do que significa coisa, realidade, existência. Porque estaremos disputando em vão a respeito da existência real das coisas e em vão estaremos pretendendo ter algum conhecimento delas, enquanto não fixemos o significado dessas palavras. Coisa ou ser é o mais geral de todos os termos, e nele ficam compreendidas duas espécies inteiramente diferentes e heterogêneas que só têm em comum o fato de serem designadas com um mesmo nome. Estas duas espécies são as mentes e as ideias.

As primeiras são substâncias ativas, indivisíveis; as segundas são seres inertes, transitórios, dependentes, que não têm subsistência por si mesmos, senão suportados pelas mentes ou substâncias mentais. [Nós compreendemos nossa existência mediante um sentimento ou reflexão interior; e a das outras mentes, mediante a razão. Poderia dizer-se que temos algum conhecimento ou noção de nossas próprias mentes, dos espíritos ou seres ativos, ainda que, num sentido estrito, não temos ideias deles. Do mesmo modo, conhecemos e temos uma noção de relações entre coisas ou ideias, relações que são diferentes das ideias ou coisas relacionadas, tanto quanto as segundas podem ser percebidas por nós sem que tenhamos percepção das primeiras. A mim me parece que as ideias, as mentes e as relações são, todas elas, cada qual em sua categoria, o objeto do conhecimento humano e a matéria do discurso; e que o termo ideia seria impropriamente ampliado se quiséssemos significar com ele tudo o que conhecemos ou do que temos noção][21].

90.

As ideias impressas nos sentidos são coisas reais, isto é, existem realmente. É isto algo que não negamos. Mas negamos que possam subsistir fora das mentes que as percebem, ou que sejam réplicas de arquétipos existentes fora da mente. E o negamos porque o ser mesmo de uma sensação ou ideia consiste em ser percebida, e uma ideia só pode parecer-se a outra ideia. Repitamo-lo: as coisas percebidas pelos sentidos podem ser chamadas externas no que se refere à sua origem, já que não são produzidas pela própria mente, senão impressas por uma mente diferente daquela que as percebe. Assim mesmo, pode-se dizer que há objetos sensíveis que existem fora da mente, no sentido de que existem em alguma outra mente diferente da nossa. De maneira que quando fecho os olhos, as coisas que eu via pode ser que sigam existindo; mas, para isso, têm de estar existindo em alguma outra mente.

91.

Seria um erro pensar que o que aqui dizemos anula totalmente a realidade das coisas. Segundo os princípios comumente aceitos, reconhece-se que a extensão, o movimento e, numa palavra, todas as qualidades sensíveis, têm necessidade de um suporte, uma vez que não podem subsistir por si mesmas. Mas é coisa admitida que os objetos percebidos pelos sentidos não são senão combinações dessas qualidades e que, em consequência, não podem subsistir por si. Até aqui todo mundo está de acordo.

De maneira que negar às coisas que se percebem pelos sentidos uma existência independente de uma substância ou suporte em que podem existir, não é tirar nada à noção geralmente admitida a respeito de sua realidade, nem implica inovação alguma a respeito. A única diferença consiste em que, segundo nós, os seres não pensantes percebidos pelos sentidos não têm uma existência diferente daquela de ser percebidos e, portanto, não podem existir em outra substância que não seja uma dessas substâncias inextensíveis e indivisíveis às quais chamamos mentes, e que atuam e pensam e percebem. Por sua vez, os filósofos sustentam geralmente uma opinião contrária: que as qualidades sensíveis existentes numa substância inerte, extensa e imperceptível, à qual chamam matéria e à que atribuem uma subsistência natural, exterior a todos os seres pensantes, ou como algo diferente do mero ser percebido por alguma mente, inclusive a mente eterna do Criador, na qual supõem que só há ideias das substâncias corpóreas criadas por Ele, se é que chegam a admitir que foram criadas em absoluto.

92.

Porque como mostramos que a doutrina da matéria ou substância corpórea foi o principal pilar e suporte do ceticismo, vemos também que sobre esses mesmos alicerces se erigiram todos os ímpios esquemas do ateísmo e da irreligiosidade.

E mais: tão grandes dificuldades se pensou que existem, se tratamos de conceber a matéria como algo produzido do nada, que os filósofos antigos mais famosos, inclusive aqueles que mantiveram a existência de um Deus, pensaram que a matéria era incriada e coeterna como Ele; quão grande apoio foi a substância material dos ateus de todas as épocas, é coisa que não precisa ser aqui narrada. Todos os seus monstruosos sistemas têm tão necessária e visível dependência da noção de substância material, que quando esta pedra angular for ao fim removida, toda a construção terá de vir abaixo e não valerá a pena deter-se em refutar por separado os absurdos de cada uma das seitas de ateus.

93.

Que as pessoas ímpias e profanas se vejam arrastadas por esses sistemas que favorecem suas inclinações ridicularizando a substância imaterial e supondo que a alma é divisível e está sujeita à mesma corrupção que o corpo, o que exclui toda liberdade, inteligência e planejamento na formação das coisas e faz que a origem e raiz de todos os seres esteja em uma substância não pensante, autoexistente e estúpida; e que ditas pessoas ímpias prestem ouvidos aos que negam a providência ou a supervisão que sobre os assuntos do mundo exerce uma mente superior, atribuindo toda a corrente de acontecimentos a uma cega casualidade ou a uma fatal necessidade que surge do impulso exercido por um corpo sobre outro. Tudo isso é muito natural.

E por outro lado, quando homens de melhores princípios observam que os inimigos da religião põem tanta ênfase na matéria não pensante e fazem uso de tanto esforço e artifício para reduzir tudo a ela, penso que deveriam alegrar-se em ver esses inimigos da religião privados desse grande apoio e expulsos dessa única fortaleza sem a qual os epicúreos, os hobbesianos e outros não podem já ter a menor pretensão de triunfo e estão expostos à mais fácil derrota do mundo[22].

94.

A existência da matéria ou de corpos não percebidos não só foi o suporte principal de ateus e fatalistas, senão que também foi o princípio de que depende a idolatria em todas suas formas. Se os homens tivessem tido em consideração que o sol, a lua, as estrelas e qualquer outro objeto dos sentidos são unicamente sensações em sua mente que não têm outra existência que a de ser percebidas, sem dúvida não teriam errado e não teriam prestado adoração a suas próprias ideias, mas pelo contrário, teriam dirigido sua homenagem a essa Mente Eterna e Invisível que produz e sustenta todas as coisas.

95.

Este mesmo absurdo princípio, misturado com os artigos de nossa fé, ocasionou não poucas dificuldades aos cristãos. Por exemplo, no que se refere à ressurreição, foram muitos os escrúpulos e objeções provenientes dos socinianos e de outras seitas[23]. Mas a mais plausível de ditas objeções não depende da suposição de que um corpo é denominado o mesmo, não com referência à forma ou ao que é percebido pelos sentidos, senão à substância material que permanece a mesma sob formas diferentes?

Eliminemos essa substância material a respeito de cuja identidade surgem todas as disputas, e entendamos por corpo o que qualquer pessoa ordinária quer dizer quando emprega essa palavra, isto é, uma coisa que é imediatamente vista e sentida e que não deixa de ser uma combinação de qualidades sensíveis ou ideias; e então, até as objeções mais difíceis de refutar ficarão reduzidas a nada.

96.

Uma vez que a matéria foi expulsa da natureza, arrasta consigo tantas noções céticas e ímpias – tais como o incrível número de disputas e confusões que foram como espinhos nas costas de teólogos e filósofos, e que deram lugar a tanto esforço estéril para a humanidade que, se os argumentos que produzimos contra ela não atingem o grau de demonstração (e a mim me parece que o atingiram claramente), estou seguro de que todos os amigos do conhecimento, da paz e da religião teriam razões para desejar que esses argumentos meus fossem certamente demonstrativos.

97.

Além da existência externa dos objetos perceptíveis, outra grande fonte de erros e dificuldades com respeito ao conhecimento ideal é a doutrina das ideias abstratas, como dissemos na Introdução. As coisas mais singelas do mundo, coisas com as quais estamos intimamente familiarizados e que nos são perfeitamente conhecidas, se nos mostram estranhamente difíceis e incompreensíveis quando as consideramos de um modo abstrato. O tempo, o lugar e o movimento, quando são tomados em particular ou em concreto, são o que todo mundo sabe; mas quando passam pelas mãos de um metafísico, convertem-se em algo demasiado abstrato e sutil para serem captados por um homem comum.

Peça a seu servidor que o espere a tal hora e em tal lugar, e ele não se deterá em deliberar a respeito do sentido dessas palavras; também não terá a menor dificuldade em conceber o tempo, o lugar ou o movimento que lhe levará essa citação.

Mas se o tempo se considera como um pouco do que ficam excluídas todas essas ações e ideias particulares que diversificam o dia, e é considerado como uma mera continuação da existência ou como duração em abstrato, então quem sabe até um filósofo se verá confundido quando queira compreendê-lo.

98.

Sempre que tento formar uma ideia simples de tempo como algo abstraído dessa sucessão de ideias que tem lugar em minha mente e que flui uniformemente e da qual participam todos os seres, perco-me e fico enredado em dificuldades inextricáveis.

Desse tempo não tenho a menor noção; só ouço dizer que é infinitamente divisível, e falar dele de uma maneira que me leva a ter pensamentos raros a respeito de minha existência. Pois essa doutrina põe sob a absoluta necessidade de pensar que, ou se está passando por épocas inumeráveis sem um pensamento, ou que é este aniquilado a cada momento de sua vida. Ambas as opções parecem igualmente absurdas. Portanto, como o tempo não é nada, se se abstrai da sucessão de ideias em nossas mentes, disso se segue que a duração de uma mente finita deve-se estimar pelo número de ideias ou ações que se sucedem nesse mesmo espírito ou mente. Desse modo, como uma clara consequência, que a alma está sempre pensando; e, em verdade, quem queira tentar separar seus pensamentos ou abstrair a existência de uma mente do pensar de um devido espírito, não creio que essa tarefa lhe seria fácil.

99.

Do mesmo modo, quando tentamos abstrair a extensão e o movimento de todas as demais qualidades, e queremos considerá-los por si mesmos, cedo os perdemos de vista e caímos em grandes extravagâncias, todas as quais são o resultado de uma dupla abstração: supõe-se, primeiro, que a extensão, por exemplo, pode ser abstraída de todas as outras qualidades sensíveis; e, em segundo lugar, que a entidade da extensão pode ser abstraída de seu ser percebida. Mas quem quer que reflita e cuide de entender o que diz, reconhecerá, se não me equivoco, que todas as qualidades sensíveis são o mesmo que sensações, e que são também reais; que ali onde há extensão, também há cor, isto é, na mente do que percebe; e que os arquétipos dessas sensações existem somente em alguma outra mente; e que os objetos dos sentidos não são senão essas sensações combinadas e fundidas ou (se fosse permitido falar assim) amalgamadas; e que nenhuma delas pode supor-se que exista sem ser percebida.

100.

O que faz um homem ser feliz ou um objeto bom, é algo que cada um crê saber. Mas formar uma ideia abstrata de felicidade, prescindindo de todo prazer em particular, ou uma ideia abstrata de bondade, prescindindo de tudo aquilo que é bom, são coisas que muito poucos terão a pretensão de atingir. Assim mesmo, um homem poderá ser justo e virtuoso sem ter ideias precisas da justiça e da virtude. A opinião de que estas e outras palavras parecidas representam noções gerais abstraídas de toda pessoa e de toda ação em particular, parece ter tornado difícil a moralidade e ter feito do seu estudo algo menos útil para o gênero humano. E, efetivamente, a doutrina da abstração contribuiu não pouco para estragar uma das partes mais úteis do conhecimento.

101.

Os dois grandes domínios da ciência especulativa que se referem às ideias sensíveis e a suas relações, são a filosofia natural e a matemática. A respeito de ambas farei agora algumas observações. Em primeiro lugar, dissertarei um pouco sobre a filosofia natural. É nesse campo que triunfam os céticos; todo esse acúmulo de argumentos que nos dão para que desconfiemos de nossas faculdades e para fazer que a humanidade se nos mostre ignorante e limitada, derivam principalmente disto, a saber: que padecemos de uma cegueira invencível no que se refere a verdadeira e real natureza das coisas. A essência real , as qualidades internas e a constituição do objeto mais singelo escondem-se a nosso olhar; há algo em cada gota de água, em cada grão de areia, que fica além do que o poder do entendimento humano é capaz de compreender. Mas é evidente, como já se mostrou, que todas essas lamentações carecem de fundamento e o que ocorre é que estamos influenciados por falsos princípios até o ponto de desconfiar de nossos sentidos, pensando que não sabemos nada a respeito dessas coisas que compreendemos perfeitamente.

102.

Um dos grandes motivos para supor-nos ignorantes a respeito da natureza das coisas é a opinião de que todas as coisas incluem dentro de si as causas de suas propriedades; ou, em outras palavras, que há em cada objeto uma essência íntima, fonte da qual fluem e dependem as qualidades que discernimos. Alguns trataram de dar explicação às aparências recorrendo a qualidades ocultas; mas, recentemente, atribuem-nas a causas mecânicas como a figura, o movimento, o peso e outras qualidades semelhantes de partículas insensíveis.

Mas a verdade é que não há outro agente ou causa eficiente além do espírito, já que é evidente que o movimento, assim como todas as demais ideias, é totalmente inerte. Veja a Seção 25. Daí que explicar a produção das cores ou os sons mediante a figura, o movimento, a magnitude, ou qualquer outra qualidade desse tipo, seja um empenho vão. E vemos que os empenhos dessa classe não nos satisfazem em absoluto. Pode-se, pois, dizer o mesmo, de uma maneira geral, sempre que alguém trate de atribuir a causa de algo a uma ideia ou qualidade. Inútil dizer quantas hipóteses e especulações ficam eliminadas com esta doutrina minha e quão simplificado fica o estudo da natureza.

103.

O grande princípio mecânico hoje em voga é a atração. Que uma pedra caia ao solo, ou que o mar suba em marés para a lua, são fenômenos que alguns creem explicar facilmente recorrendo à atração. Mas o que é que verdadeiramente aprendemos quando se diz que estes fenômenos se devem à atração? Essa palavra significa o modo em que se efetua a tendência e que esta tem lugar mediante uma força que separa os corpos, em vez de outra força que empurra ou propulsa uns para os outros? Mas nada podemos determinar com respeito ao modo como se efetua essa ação; e ainda que a chamemos atração, poderíamos tê-la denominado (pelo que nós sabemos) impulso ou propulsão. Vemos que as partículas de aço têm entre si uma firme coerência e isto também o devemos à atração; mas neste caso, como nos demais, eu não percebo outra coisa que o efeito mesmo; pois no que se refere à ação pela qual o dito efeito se produziu, ou à causa que o produz, não nos fixamos tanto nelas.

104.

Certamente, se dermos uma olhada nos diferentes fenômenos e os compararmos uns com os outros, podemos observar alguma semelhança e conformidade entre eles. Por exemplo, na queda de uma pedra ao solo, no levantar-se o mar para a Lua e na coesão e cristalização, há algo semelhante, a saber: a união ou aproximação mútua de uns corpos para outros. De tal maneira, que estes e outros fenômenos parecidos não são estranhos nem surpreendentes a um homem que observou e tem comparado cuidadosamente os efeitos da natureza. Pois só consideramos estranho ou surpreendente o que é invulgar e se distancia do curso usual do que normalmente observamos. Que os corpos tendam para o centro da Terra, é algo que não consideramos estranho porque é o que percebemos em cada momento de nossas vidas. Mas que os corpos tenham uma gravitação semelhante para o centro da Lua, pode parecer a muitos homens raro e inexplicável, pois é algo que só se observa nas marés. Mas um filósofo, cujos pensamentos abarcam uma perspectiva mais ampla da natureza, depois de ter observado uma verdadeira semelhança nas aparências, nos fenômenos terrestres e celestiais que argumentam em favor de uma tendência experimentada por corpos inumeráveis em virtude da qual uns tendem para outros, denomina essa tendência atração; e qualquer coisa que possa ser reduzida a isso, a dará por explicada. Assim, dá uma explicação das marés dizendo que se devem à atração do globo terrestre para a Lua, o que não lhe parece estranho e anômalo, senão só um exemplo particular de uma norma ou lei geral da natureza.

105.

Portanto, se nos detemos a considerar a diferença que existe entre os filósofos naturais e os demais homens no que se refere a seu conhecimento dos fenômenos, descobriremos que essa diferença não consiste num conhecimento mais exato da causa eficiente que produz tais fenômenos, pois esta não pode ser outra que a vontade ou mente, senão só numa maior amplitude de compreensão pela qual as analogias, as harmonias e as concordâncias são descobertas nas obras da natureza, e os efeitos particulares são explicados, isto é, são reduzidos a regras gerais (Veja a Seção 62); e estas regras, ao estar fundamentadas na analogia e uniformidade que se observa na produção dos efeitos naturais, são extremamente agradáveis à mente, e são desejadas por esta.

E isso é assim porque nos ajudam a ver além do mero presente e do que está perto de nós, e capacitam-nos para fazer conjecturas altamente prováveis com respeito a coisas que podem ter sucedido a grandes distâncias de espaço e de tempo; e também nos permitem predizer as coisas que sucederão. E esta espécie de esforço que nos leva à onisciência é muito apreciada pela mente.

106.

Mas devemos proceder nestas coisas com a maior cautela, porque somos suscetíveis de depositar demasiada confiança nas analogias; e, para prejuízo da verdade, podemos nos comprazer em excesso desse desejo da mente que consiste na tendência a estender seu conhecimento levando-o à ordem dos teoremas gerais. Por exemplo, a gravitação, ou atração mútua, como é algo que se nos mostra em vários casos, há alguns homens que imediatamente lhe conferem o grau de *universal*; e *dizem que atrair e ser atraído por outros corpos é uma essencial qualidade inerente a todos os corpos*, quaisquer que estes sejam.

Dessa maneira, não parece que os astros fixos tenham essa tendência de se aproximar de outros; tão longe está a gravitação de ser algo essencial aos corpos, que em alguns casos é um princípio contrário que se nos mostra; isso ocorre, por exemplo, no crescimento perpendicular das plantas e na elasticidade do ar. Não há nada necessário ou essencial nestes casos, senão que dependem inteiramente da vontade do espírito dirigente, o qual causa que certos corpos adiram entre si ou tendam uns para os outros segundo uma variedade de leis, ou que permaneçam separados a uma distância fixa; e a outros corpos lhes dá uma tendência completamente contrária e os faz separar-se segundo lhe parece conveniente.

107.

Depois do que foi dito, creio que podemos estabelecer as seguintes conclusões. Em primeiro lugar, que é evidente que os filósofos estão se esforçando em vão quando tratam de encontrar uma causa natural eficiente, diferente de uma mente ou espírito.

Em segundo lugar, considerando que toda a criação é obra de um agente sábio e bom, pareceria que o trabalho do filósofo é o de empregar seus pensamentos (contrariamente ao que alguns sustentam) em pesquisar a respeito das causas finais das coisas. E devo confessar que não vejo a razão por que a descoberta dos variados fins aos quais as coisas naturais estão dirigidas, e em vista dos quais foram originalmente concebidas, não seria um bom modo de explicá-las. Tal empresa seria digna de um filósofo[24].

Em terceiro lugar, do que ficou dito não há razão para deduzir que não deveria estudar-se a história natural ou que não se deveriam fazer observações e experimentos que são úteis para a humanidade e que nos permitem tirar conclusões gerais que não são resultado de comportamentos ou relações imutáveis entre as coisas mesmas, senão só fruto da bondade e generosidade de Deus para com os homens na administração do mundo. Vejam-se Seções 30 e 31.

Em quarto lugar, mediante a observação diligente dos fenômenos que se oferecem a nossa vista, podemos descobrir as leis gerais da natureza e deduzir deles outros fenômenos. Não digo demonstrar, porque todas as deduções dessa classe dependem de supor que o Autor da Natureza sempre opera uniformemente e em constante observância dessas regras que nós tomamos como princípios que não podemos conhecer com evidência.

108.

Quem fabrica regras gerais partindo dos fenômenos e depois deduz os fenômenos dessas regras, parece estar considerando signos, e não causas. Um homem pode muito bem compreender os signos naturais sem conhecer sua analogia ou sem ser capaz de dizer em virtude de que regra uma coisa é como é. Do mesmo modo, é possível escrever incorretamente como consequência de uma observação demasiadamente estrita das regras gerais da gramática, assim também é possível que, argumentando a partir das regras gerais da natureza, levemos demasiado longe a analogia e mediante esse procedimento caiamos em erros.

109.

Bem como ao ler outros livros um homem prudente prefere deter seus pensamentos no sentido do texto e depois o aplica para seu uso, em vez de fixá-los nos aspectos gramaticais que se referem à linguagem, assim também ao ler o livro da natureza parece que é indigno da mente o ato de se reduzir com exatidão cada fenômeno particular a regras gerais, ou o empenho de mostrar como se segue delas. Deveríamos propor-nos objetivos mais nobres, tais como os de recrear e exaltar a mente com uma visão da beleza, ordem, amplitude e variedade das coisas naturais; e daí, mediante inferências apropriadas, alargar nossas noções a respeito da grandeza, sabedoria e bondade do Criador; e, finalmente, fazer, na medida de nossas forças, que as variadas partes da criação sirvam aos fins para os quais foram designadas, isto é, para a glória de Deus e para sustento e comodidade de nós mesmos e de nossos próximos.

110.

O melhor emprego da referida analogia ou ciência natural diremos que é, sem dúvida, um célebre tratado de mecânica. No prefácio desse tratado tão justamente admirado, o tempo, o espaço e o movimento se distinguem entre absolutos e relativos, verdadeiros e aparentes, matemáticos e vulgares. E essa distinção, que é amplamente explicada pelo autor, supõe que essas quantidades têm uma existência fora da mente e que são ordinariamente concebidas com relação às coisas sensíveis, com as quais, no entanto, não estão por natureza relacionadas.

111.

Pelo que se refere ao tempo como ali é tomado num sentido absoluto ou abstrato, como duração ou perseverança das coisas na existência, nada tenho que adicionar ao que já foi dito sobre o assunto nas Seções 97 e 98. Quanto aos demais, este celebrado autor sustenta que há um espaço absoluto que, não sendo perceptível pelos sentidos, permanece em si mesmo igual e estático; e diz que há também um espaço relativo, o qual é a medida do anterior; e se move e é definido por sua situação com respeito aos corpos sensíveis, ainda que vulgarmente costuma considerar-se imóvel. Este autor define o lugar como aquela parte do espaço que está ocupada por algum corpo. E segundo o espaço seja absoluto ou relativo, assim também o será o lugar. Diz-se que o movimento absoluto é o transladar-se de um corpo desde um lugar absoluto a outro lugar absoluto, e que o movimento relativo é o de um lugar relativo a outro.

E como as partes do espaço absoluto não caem sob nossos sentidos, vemo-nos forçados a utilizar em seu lugar suas medidas sensíveis; e, assim, definimos o lugar e o movimento com referência a corpos que consideramos imóveis. Mas se diz que, em questões filosóficas, devemos fazer abstração de nossos sentidos, já que pode ocorrer que nenhum desses corpos que parecem estar em repouso o estejam verdadeiramente; e uma mesma coisa que tem um movimento relativo, pode de fato estar quieta. Assim mesmo, um corpo pode estar num repouso relativo e em movimento, e inclusive pode ser movido ao mesmo tempo segundo movimentos relativos contrários, segundo as variadas definições que demos a seu lugar. Todas essas ambiguidades podemos encontrá-las nos movimentos que são meramente aparentes, mas não na ordem do verdadeiro e absoluto, que é o que em filosofia deve ter-se em conta. E se nos diz que os movimentos verdadeiros podem distinguir-se dos aparentes ou relativos pelas seguintes propriedades: primeira, que num movimento absoluto ou verdadeiro, todas as partes que conservam a mesma posição com respeito ao todo participam dos movimentos do todo. Segunda, que se o lugar é movimentado, o que está nele situado também é movimentado; de tal forma que um corpo situado num lugar que se move participa do movimento de seu lugar. Terceiro, que o movimento verdadeiro nunca é gerado ou mudado, exceto pela força impressa no corpo mesmo. Quarto, que no movimento circular puramente relativo não há força centrífuga, a qual, quando se dá em outro verdadeiro ou absoluto, é proporcional à quantidade de movimento.

112.

Mas apesar do que se disse, não me parece que possa haver outro movimento que não seja o relativo; de tal modo que, para conceber o movimento, devem conceber-se pelo menos dois corpos, cuja distância ou posição de um com respeito ao outro pode variar. Portanto, se existisse um único corpo, não poderia mover-se. Isto é evidente por quanto a ideia de movimento inclui necessariamente uma relação.

113.

Mas ainda que em todo movimento seja necessário conceber mais de um corpo, pode ocorrer que só um dos corpos seja o que se move, isto é, o que recebe a força que causa uma mudança de distância ou, em outras palavras, aquele sobre o qual é aplicada a ação. Embora alguns definam o movimento relativo dizendo que o corpo movimentado é aquele que muda sua distância com respeito a outro corpo, independentemente de que a força ou ação causadora da mudança seja aplicada a ele ou não;

ocorre, no entanto, que, como o movimento relativo é percebido pelos sentidos e reconhecido no curso usual da vida, pareceria que qualquer homem com senso comum saberia o que é, tão bem como o melhor filósofo. Eu perguntaria a qualquer um o seguinte: quando anda pela rua seu sentido do movimento lhe diz que o calçamento se move porque muda sua distância com relação aos pés? A mim me parece que, embora o movimento inclua uma relação de uma coisa com respeito a outra, não é necessário que cada um dos termos da relação tenha de considerar-se movendo-se um com relação ao outro. De igual modo ou como um homem pode pensar a respeito de uma coisa não pensante, assim também um corpo pode mover-se com respeito a outro que permanece imóvel.

114.

Como o lugar pode ser definido de várias maneiras, o movimento que está a ele relacionado pode também variar. Pode dizer-se que um homem a bordo de um barco está quieto em relação aos lados do barco, e em movimento com respeito a terra. Ou pode mover-se para o leste com respeito a um dos lados, ou ao oeste com respeito ao outro. Nos assuntos ordinários da vida, os homens nunca vão além da terra para definir o lugar de um corpo. E tudo aquilo que permanece quieto com relação a terra, considera-se como absolutamente em repouso. Mas os filósofos, os quais têm uma maior amplitude de pensamento e noções mais exatas a respeito do sistema das coisas, descobrem que a própria Terra se move. Portanto, a fim de fixar suas noções, parecem conceber o mundo corpóreo como algo finito; e os limites ou envolturas imóveis deste são os lugares pelo que estimamos os movimentos relativos assim definidos. Pois, como já se observou, um movimento absoluto que excluísse toda relação externa seria incompreensível. E, se não me equivoco, todas as propriedades, causas e efeitos acima mencionados como pertencentes ao movimento absoluto estarão em perfeita consonância com essa classe de movimento relativo. E quanto ao que é dito a respeito da força centrífuga, isto é, que não pertence ao movimento circular relativo, não vejo como isso pode seguir-se dos experimentos que se realizaram para prová-lo. Veja *Philosophiae naturalis principia mathematica*, in Schol. Def. VIII[25].

Porque a água no copo, no momento que se diz que tem o máximo movimento circular relativo, penso que carece em absoluto de movimento, como se mostra óbvio na seção seguinte.

115.

Para poder dizer que um corpo é movimentado, é requisito, em primeiro lugar, que mude sua distância ou situação com relação a algum outro corpo; e, em segundo lugar, que a força ou ação ocasionadora da mudança seja aplicada a ele. Se falta um desses dois requisitos, não creio que concorde com o sentido humano nem com a propriedade da linguagem dizer que um corpo está em movimento.

Concedo, certamente, que é possível que pensemos que um corpo que vemos mudar sua distância em relação a outro seja movimentado; e isso ainda que não tenha uma força aplicada a ele. E nesse sentido pode ter um movimento aparente; mas então é que a força que causa a mudança de distância é por nós imaginada como impressa ou exercida sobre o corpo que pensamos que se move. Isso é indicação, desde logo, de que somos capazes de pensar no Escólio à Definição VIII de seus *Princípios*: Se pendurarmos um copo por um cordão longo e se lhe dermos voltas até que o cordão esteja fortemente preso, e depois enchemos o copo de água e o soltamos com a água dentro, veremos que em virtude da ação repentina de outra força, começará a dar voltas em sentido contrário; e enquanto o cordão for rapidamente solto, o copo continuará por algum tempo com esse mesmo movimento.

A superfície da água ficará a princípio lisa, como quando o copo não tinha começado ainda a mover-se. Mas depois, ao comunicar o copo seu movimento à água, veremos que esta começa gradualmente a revolver-se pouco a pouco a partir de seu centro, constituindo-se numa figura côncava (tal como já experimentei). E quanto mais rápido for o movimento, a água subirá mais alto; até que, ao fim, quando as revoluções da água forem as mesmas que as do copo, a água voltará a um relativo repouso dentro dele." Para uma interpretação completa do experimento, veja a mencionada Definição VIII do tratado de Newton. É errado atribuir movimento a uma coisa que não o tem. E isso é tudo.

116.

Do que foi dito se segue que a consideração filosófica do movimento não implica a existência de um espaço absoluto diferente do que é percebido pelos sentidos e referido aos corpos. Que o espaço não pode existir fora da mente está claro nos próprios princípios que demonstram o mesmo com respeito a todos os demais objetos sensíveis. E quem sabe, se inquirirmos bem, descubramos que nem sequer podemos formara ideia de um espaço puro carente de corpos. Devo confessar que uma ideia assim me parece impossível, pois é abstrata em grau sumo. Quando suscito um movimento em alguma parte de meu corpo e esse movimento não encontra resistência e é livre, digo que há espaço; mas se noto que há resistência, então digo que há corpo.

E segundo a resistência ao movimento for maior ou menor, digo que o espaço é mais ou menos puro. De maneira que, quando falo de um espaço puro ou esvaziamento, não deve supor-se que a palavra espaço corresponda com uma ideia separada de um corpo em movimento, ou concebível sem este. Ainda que certamente podemos pensar que cada nome substantivo se corresponde a uma ideia diferente e separada de todas as demais; isso ocasionou uma infinidade de erros.

Portanto, quando suponho que todo mundo foi aniquilado exceto meu próprio corpo, e digo que fica aí um espaço puro, a única coisa que quero dizer com isso é que posso conceber como possível que os membros de meu corpo se movam em todas as direções sem encontrar a menor resistência; mas se meu corpo mesmo fosse também aniquilado, então não poderia ter movimento e, em consequência, também não poderia ter espaço. Quem sabe alguns possam pensar que o sentido da visão lhes proporciona a ideia de um espaço puro; mas como mostramos em outro lugar, as ideias de espaço e de distância não se obtêm mediante esse sentido. Veja meu *Ensaio sobre a Visão.*

117.

O que aqui estabelecemos parece pôr fim a todas essas disputas e dificuldades que surgiram entre os homens de ciência a respeito do espaço puro. Mas a vantagem principal que surge disso é que nos liberamos desse perigoso dilema a que se viram levados muitos dos que se dedicaram a pensar sobre esse assunto. O dilema é o seguinte: ou pensar que o espaço real é Deus mesmo, ou que há, além de Deus, um outro algo não criado, infinito, indivisível, imutável. Ambas as noções pode justamente pensar-se que são perniciosas e absurdas. É verdade que não poucos teólogos, bem como filósofos altamente notáveis, levados pela dificuldade que há em conceber um espaço com limites ou um espaço aniquilado, concluíram que o espaço deve ser divino.

E há alguns que ultimamente se esforçaram em mostrar mais particularmente que os atributos incomunicáveis de Deus concordam com isto. Essa doutrina natureza divina, por mais indigna que nos possa parecer, não vejo como possamos nos livrar dela se seguimos aderindo às opiniões correntes.

118.

E até aqui, sobre a filosofia natural. Pesquisemos agora um pouco a respeito do outro grande ramo do conhecimento especulativo, isto é, a matemática. Esta, apesar de ser tão celebrada por sua clareza e certeza demonstrativa que seria difícil encontrar em qualquer outro campo, não se pode supor completamente livre de erros, se em seus princípios jaz escondido um secreto engano que é comum entre os professores dessa ciência, bem como entre o resto da humanidade.

Os matemáticos, ainda que deduzam seus teoremas partindo de um alto grau de evidência, estão limitados em seus primeiros princípios pela consideração da quantidade; e não levam suas considerações à altura dessas máximas transcendentais que influem em todas as ciências particulares (e a matemática não é uma exceção), cada parte das quais participa dos erros que possa haver nessas máximas.

Não negamos que os princípios em que se baseiam os matemáticos sejam verdadeiros, nem que as deduções derivadas desses princípios sejam claras e indiscutíveis.

Mas mantemos que pode haver certas máximas errôneas, de amplitude mais geral do que o objeto próprio da matemática – e por essa razão não mencionadas expressamente, ainda que sim tacitamente pressupostas ao longo do progresso de dita ciência – e que os maus efeitos desses erros escondidos se difundiram por todos os ramos da mesma ciência.

Para dizê-lo claramente: suspeitamos de que os matemáticos, como os demais homens, estão envolvidos nos erros que derivam da doutrina das ideias gerais abstratas e da existência de objetos fora da mente.

119.

Pensou-se que a aritmética tem como objeto ideias abstratas de número. E se supõe que entender suas propriedades e relações mútuas é parte não pequena do conhecimento especulativo. A opinião concernente a pura e intelectual natureza dos números em abstrato, fez que estes fossem altamente estimados por esses filósofos dotados de uma extraordinária finura e elevação de pensamento. Essa opinião pôs também um alto apreço nas mais triviais especulações numéricas, as quais carecem de utilidade prática e servem só de entretenimento; e assim, infectou as mentes de alguns fazendo-os sonhar em poderosos mistérios contidos nos números, mediante os quais tentam dar uma explicação das coisas naturais. Mas se indagamos dentro de nossos próprios pensamentos e consideramos o que se disse, quem sabe tenhamos uma opinião muito baixa desses altos voos e abstrações; e talvez cheguemos a estimar que todas essas investigações a respeito dos números são unicamente outras tantas *difficiles nugae*[26] que não estão a serviço da prática nem promovem benefícios para a vida.

120.

A unidade em abstrato é algo que já consideramos na Seção 13; do que ali e na Introdução foi dito, segue-se claramente que não existe essa ideia. Mas ao definir o número como uma coleção de unidades, poderíamos disso concluir que, se não há tal coisa como uma união ou unidade em abstrato, também não há ideias de número em abstrato que correspondam a nomes numéricos e figuras.

Portanto, pode-se supor que as teorias de aritmética, se são abstraídas dos nomes e figuras, bem como de todo uso e prática e das coisas particulares numeradas, não têm absolutamente nada com o objeto . Donde se pode ver como a ciência dos números está inteiramente subordinada à prática e como se converte em algo vazio e banal quando é considerada como assunto de mera especulação.

121.

No entanto, como pode haver alguém que, enganado pela especiosa ostentação de descobrir variedades abstratas, perca o tempo em teoremas e problemas aritméticos que não têm a menor utilidade; não vale a pena considerar e expor detalhadamente a vaidade de tal pretensão. Esta ficará claramente manifesta se nos detemos a observar o que foi a aritmética em sua infância, o que fez que os homens se aplicassem ao estudo dessa ciência e a que fim a dirigiram.

É natural pensar que, a princípio, os homens, para aliviar o ônus da memória e ajudar-se no cômputo, fizeram uso de contas de madeira ou de metal, ou escreveram pontos e outras marcas semelhantes, cada uma das quais significava uma unidade, isto é, uma só coisa dentre as que em cada ocasião estivessem contando. Depois descobriram modos mais compreensivos e concisos de fazer que um só signo representasse vários pontos. E finalmente, as notações dos árabes ou dos índios vieram pôr-se em uso, e mediante a repetição de uns poucos signos ou cifras e variando o significado de cada cifra segundo o lugar que ocupasse, todos os números puderam expressar-se adequadamente.

Tudo isso parece que foi feito à imitação da linguagem; de tal maneira que se pode observar uma exata analogia entre a notação mediante cifras e os nomes: as nove cifras simples correspondem aos nove primeiros nomes numerais, e os lugares das primeiras correspondem com as denominações indicadas pelos segundos. E de acordo com o valor simples e o valor local das cifras[27], podemos conceber métodos de descobrir, partindo das cifras dadas ou signos das partes, que outras cifras são adequadas para designar o todo e onde devem colocar-se, ou vice-versa.

Tendo encontrado as cifras procuradas, e uma vez comprovado que a mesma regra ou analogia tem lugar, é fácil traduzi-las em palavras. E desse modo o número chega a ser-nos perfeitamente conhecido. Pois se diz que o número de uma série de coisas nos é conhecido quando conhecemos o nome ou as cifras (em sua ordem devida) que, segundo a analogia estabelecida, pertencem a essas coisas.

Porque ao ser-nos esses signos conhecidos, podemos, mediante operações aritméticas, conhecer cada parte das somas particulares por eles significadas. E assim, computando mediante signos (devido à conexão estabelecida entre eles e os diferentes conglomerados de coisas das quais uma é tomada como unidade) podemos somar, dividir e proporcionar corretamente as coisas que nos propúnhamos numerar.

122.

Em aritmética, portanto, não consideramos as coisas, senão os signos, os quais, no entanto, não são tomados por si mesmos, senão porque nos dirigem a atuar com relação a coisas e dispõem corretamente delas. No entanto, de acordo com o que observamos antes a respeito das palavras em geral (Seção 19, Introdução), também ocorre aqui o mesmo, pensar que as ideias abstratas são significadas por nomes ou caracteres, conquanto não suscitem em nossas mentes criações de coisas particulares. Não vou entrar agora numa dissertação mais detalhada sobre este assunto.

Apenas me limitarei a observar que, do que foi dito, é evidente que essas coisas que passam por verdades abstratas e teoremas referentes a números, na realidade não se correspondem com nenhum objeto diferente de coisas particulares numeráveis, exceto homens e caracteres; os quais só foram originalmente considerados por sua condição de signos capazes de representar adequadamente quaisquer coisas particulares que os homens tiveram necessidade de computar. Disso se segue que os estudar pelo que são em si mesmos seria tão prudente e produtivo[28] como se um homem, abandonando a verdadeira utilidade e intenção da linguagem, empregasse seu tempo em impertinentes ceticismos a respeito das palavras ou em raciocínios e controvérsias puramente verbais.

123.

Tendo já tratado dos números, vamos falar agora da extensão, a qual, considerada como relativa, é o objeto da geometria. A infinita divisibilidade da extensão finita, ainda que não seja expressamente admitida nem como axioma nem como teorema fundamental dessa ciência, é algo que fica suposto ao longo desta; e se pensa que tem uma conexão tão essencial e inseparável dos princípios e demonstrações da geometria, que os matemáticos nunca a põem em dúvida nem fazem a menor questão disso. E como essa noção é a fonte da que surgem todos esses divertidos paradoxos geométricos que tão diretamente repugnam ao senso comum da humanidade e são tão difíceis de admitir por uma mente que ainda não foi corrompida pela educação, é também a causa de toda essa extremada sutileza que faz do estudo da matemática algo tão complicado e tedioso.

Por isso, se pudermos mostrar que não há extensão finita que contenha inumeráveis partes ou que seja infinitamente divisível, disso se seguirá que consigamos de uma vez por todas liberar a ciência da geometria de um grande número de dificuldades e contradições que foram sempre estimadas como um *agravo* à razão humana; e com isso faremos que a aprendizagem dessa ciência seja um assunto em que não tenhamos que empregar tanto tempo e tanto sofrimento como o que se empregou até agora.

124.

Cada extensão finita particular que pode ser objeto de nosso pensamento é uma ideia que existe só na mente; e, em consequência, cada parte tem que ser percebida. Portanto, se eu não posso perceber inumeráveis partes na extensão finita que me proponho considerar, é indubitável que essas partes inumeráveis não estão contidas nela. E como é evidente que eu não posso perceber distintamente uma série inumerável de partes numa linha, uma superfície ou um sólido particulares, os quais percebo mediante os sentidos ou os fabrico em minha imaginação, disso concluo que essas partes inumeráveis não estão ali inclusas.

Nada me é mais claro que as extensões que tenho à vista não serem outra coisa senão minhas próprias ideias; e não é menos evidente o fato de que não as posso resolver num número infinito de outras ideias; isto é, que elas não são infinitamente divisíveis. Se por extensão finita quer dizer-se algo diferente de uma ideia finita, confesso que não sei o que é e que não posso afirmar nem negar nada a respeito dela. Mas se os termos extensão, partes etc. se tomam num sentido concebível, isto é, como ideias, então dizer que uma quantidade ou extensão finita consta de um número infinito de partes é uma contradição tão manifesta, que qualquer um a reconhecerá como tal à primeira vista. E é impossível que ganhe jamais o consentimento de nenhuma criatura razoável não foi levada a ela pouco a pouco e gradualmente, como se leva a um pagão convertido à crença na transubstanciação.

Os velhos, arraigados preconceitos passam com frequência por princípios; e essas proposições, uma vez que se lhes concede a força e o crédito de um princípio, pensa-se que, não só elas, senão também qualquer dedução feita a partir delas, desfrutam do privilégio de estarem isentas de todo exame. E mediante esse procedimento, não há absurdo, por mais tosco que seja, que os homens não estejam dispostos a admitir.

125.

Aquele cujo entendimento se encontra de antemão possuído pela doutrina das ideias abstratas gerais, poderá persuadir-se (independentemente do que se pense a respeito das ideias dos sentidos) de que a extensão em abstrato é infinitamente divisível. E aquele que admite que os objetos dos sentidos existem fora da mente, quem sabe se verá levado a admitir também que uma linha de uma polegada de comprimento pode conter dentro de si inumeráveis partes que existem realmente, ainda que sejam demasiado pequenas para ser discernidas. Esses erros se arraigaram nas mentes dos geômetras, bem como nas de outros homens, e tiveram influência em seus raciocínios. E não seria difícil mostrar como os argumentos tomados da geometria, que se utilizam para apoiar a infinita divisibilidade da extensão, estão baseados nesses erros. Por agora, me limitarei a observar em geral de onde vem que os matemáticos estejam tão apaixonados por essa doutrina e a defendam com tanta tenacidade.

126.

Já se disse em outro lugar que os teoremas e demonstrações da geometria se referem a ideias universais (Seção 15, Introdução). Mas ali se diz em que sentido deve entender-se isto, a saber: que as linhas e figuras particulares inclusas num diagrama representam outras de diferentes medidas. Ou, em outras palavras, que o geômetra as considera fazendo abstração de sua magnitude; isso não implica que se esteja formando uma ideia abstrata, senão unicamente que não lhe importa qual é essa magnitude particular, nem se é grande ou pequena: isso é algo que ele estima indiferente à própria demonstração. Donde se segue que uma linha, que no desenho tem uma polegada de comprimento, não é considerada em si mesma, senão quanto é universal; e é universal só no que significa e enquanto representa inumeráveis linhas maiores do que ela mesma, no que poderiam se distinguir em até mil partes ou mais, ainda que ela não seja maior do que uma polegada.

Segundo esse procedimento, as propriedades das linhas significadas são (segundo uma figuração muito comum) transferidas ao signo; e daí se infere que possamos cometer o engano de pensar que pertencem ao signo considerado em si mesmo.

127.

Como não há um número máximo de partes, senão que sempre é possível que haja uma linha que contenha mais, dizemos que a linha de uma polegada de comprimento contém mais partes que as que podem ser-lhe atribuídas por qualquer número. O que é verdade, não aplicado à linha de uma polegada tomada abstratamente, senão só às coisas significadas por ela. Mas os homens não retêm essa distinção em seus pensamentos e caem na crença de que a pequena linha particular desenhada no papel contém em si mesma inumeráveis partes.

Não há tal coisa como uma décima milésima parte de uma polegada; mas sim a há de uma milha ou do diâmetro da terra, comprimentos que podem ser significados pela polegada em questão. Portanto, quando eu desenho um triângulo sobre o papel, e tomo como raio um lado que meça, por exemplo, não mais de uma polegada, considero este como divisível em mil, dez mil, ou mais partes.

Pois ainda que a décima milésima parte dessa linha considerada em si mesma não seja nada em absoluto e possa, em consequência, desprezar-se sem perigo de erro ou inconveniência, ocorre, no entanto, que a linha em questão é só um signo que serve para representar quantidades maiores, das quais uma décima milésima parte poderia ser muito considerável. Disso se segue que, na prática, e a fim de evitar erros, deve tomar-se um raio que tenha dez mil partes ou mais.

128.

Do que se disse resulta clara a razão por que, a fim de que um teorema possa chegar a ter uma utilização universal, é necessário que falemos das linhas descritas no papel como se contivessem um número de partes que na realidade não têm. Ao fazer isto, e se examinamos o assunto com detalhe, quem sabe descubramos que não podemos conceber uma polegada, pelo que ela é em si mesma, como algo que contém mil partes ou é divisível em mil partes; só alguma outra linha que seja bem maior do que uma polegada poderia ser assim dividida, conquanto é representada por esta. E quando dizemos que uma linha é infinitamente divisível, o que por força estamos dizendo é que se trata de uma linha infinitamente grande. O que aqui fizemos notar parece ter sido a causa principal por que se pensou que em geometria era necessário supor a infinita divisibilidade de uma extensão finita.

129.

Os muitos absurdos e contradições que surgiram desse falso princípio, poderia pensar-se que deveriam ser estimados como outras tantas demonstrações na contramão de dito princípio. Mas seguindo uma lógica para mim desconhecida, afirma-se que não devem admitir-se provas *a posteriori* para rebater proposições concernentes à *infinitude*. Como se não resultasse impossível, inclusive para uma mente infinita, reconciliar contradições! Como se algo absurdo e repugnante pudesse ter uma conexão necessária com a verdade ou pudesse brotar dela! Mas quem quer que considere a debilidade dessa pretensão, pensará que foi criada com o propósito de dar entretenimento à mente preguiçosa, a qual está mais a gosto num indolente ceticismo, que se esforçando em examinar rigorosamente aqueles princípios que sempre tinha abraçado como verdadeiros.

130.

Ultimamente, as especulações a respeito do infinito atingiram elevações tão altas e deram lugar a noções tão estranhas, que ocasionaram não poucos escrúpulos e disputas entre os geômetras da era presente. Alguns dentre os mais famosos, não satisfeitos em sustentar que as linhas finitas podem ser divididas num número infinito de partes, vão ainda mais longe, e sustentam que cada um desses infinitesimais é por sua vez divisível numa infinidade de outras partes, isto é, em infinitesimais de segunda ordem; e assim, *ad infinitum*. Estes geômetras, digo, afirmam que há infinitesimais de infinitesimais de infinitesimais, sem chegar nunca ao fim. De maneira que, segundo eles, uma polegada não só contém um número infinito de partes, senão uma infinidade de uma infinidade, de uma infinidade *ad infinitum* de partes.

Há outros que sustentam que todas as ordens de infinitesimais além do primeiro não são nada em absoluto, pensando, com razão, que é absurdo imaginar que há uma quantidade positiva ou uma parte de extensão que, ainda que seja multiplicada infinitamente, nunca chegue a ser igual à parte menor da extensão dada.

Mas, por outra parte, não resulta menos absurdo pensar que o quadrado, o cubo ou outra potência de uma raiz real de signo positivo, não sejam nada em absoluto, coisa que aqueles que afirmam que há infinitesimais de primeira ordem, negando todas as ordens subsequentes, veem-se forçados a sustentar.

131.

Não temos, pois, razões para concluir que uns e outros estão equivocados e que, efetivamente, não há tal coisa como partes infinitamente pequenas, nem um infinito número de partes contido numa quantidade finita? Mas se me dirá que, ao ser admitida minha doutrina, disso se seguirá a destruição dos próprios fundamentos da geometria; e que todos esses grandes homens que elevaram esta ciência a uma altura assombrosa, não fizeram senão construir castelos no ar.

A isto pode-se responder que tudo aquilo que em geometria é útil e promove o benefício da vida humana, permanece firme e estático segundo nossos princípios. Do que se disse, esta ciência, considerada como prática, receberá vantagens, e não prejuízos. Mas pôr isto à sua luz devida seria tema de outra investigação diferente.

E quanto ao demais, ainda que de minha doutrina se siga que algumas das intrincadas e sutis partes da matemática especulativa possam ser eliminadas sem danos para a verdade, não vejo que prejuízo para o gênero humano poderia derivar disso.

Muito pelo contrário, seria bem melhor desejar que homens de grande talento e de perseverante aplicação distanciassem seus pensamentos desses passatempos e os empregassem no estudo dessas coisas que estão mais relacionadas com os problemas da vida ou que têm uma influência mais direta nos costumes.

132.

Se se me diz que vários teoremas indubitavelmente verdadeiros são descobertos com métodos nos quais se faz uso de infinitesimais, o que não pôde nunca ser assim se sua existência incluiu uma contradição

– a isso respondo dizendo que, se se examina a coisa cuidadosamente, descobriremos que em nenhum caso é necessário fazer uso, ou conceber partes infinitesimais de linhas finitas ou, inclusive, de quantidades menores do que o *minimum sensibile*[29]; e mais, descobriremos que é claro que isso não pôde nunca ser feito, pois é impossível.

133.

Segundo as premissas que assentamos, é claro que são muito numerosos e importantes os erros que surgiram desses falsos princípios que impugnamos nas partes precedentes deste tratado. E os princípios que se opõem a essas errôneas posturas parecem ser, ao mesmo tempo, princípios frutíferos dos quais se depreendem inumeráveis consequências altamente benéficas para a verdadeira filosofia, bem como para a religião. Mostramos, em particular, que a matéria ou a absoluta existência de objetos corpóreos é aquilo em que os mais declarados e perniciosos inimigos de todo conhecimento divino e humano basearam sempre sua força e confiança.

E certamente, se a distinção entre a existência real de coisas não pensantes e seu *ser percebidas* faz que nenhuma coisa da natureza possa ser explicada, senão que é um motivo a mais para surgirem inumeráveis dificuldades inexplicáveis; se a suposição da existência da matéria é extremamente precária, pois não se funda nem sequer numa só razão; se suas consequências não podem resistir à luz de um exame rigoroso e de uma livre investigação, senão que se protegem depois da escura e geral pretensão de que os infinitos são incompreensíveis; se a eliminação desta matéria não vem acompanhada de nenhuma má consequência; se niguém no mundo sente sua falta, já que tudo pode conceber-se perfeitmente sem ela; se, por último, tanto os céticos como os ateus ficam silenciados para sempre ao supor que só há mentes e ideias, e este esquema de coisas concorda perfeitamente com a razão e com a religião, tudo isso me faz pensar que deveríamos esperar que o dito esquema seja firmemente abraçado, ainda que fosse proposto unicamente como hipótese e se concedesse que a matéria pudesse ser outra possibilidade, conquanto creio ter demonstrado que não o é.

134.

Verdade é que, como uma consequência dos princípios mais acima estabelecidos, várias disputas e especulações que se estimam constituir uma parte não pequena do conhecimento, ficam recusadas como inúteis. Por grande que seja o preconceito que contra nós tenham aqueles que estão já metidos em estudos dessa natureza e se adentraram consideravelmente neles, esperamos, no entanto, que outros não considerem que é uma razão justa para opor-se aos princípios e proposições que aqui ficaram expostos, os quais tornam as ciências mais claras e mais exequíveis do que eram antes.

135.

Tendo concluído já o que queríamos dizer a propósito das ideias, o método proposto nos leva agora a tratar das mentes, com relação às quais quem sabe o conhecimento humano não seja tão deficiente como geralmente costuma imaginar-se. A grande razão que se dá para pensar que somos ignorantes a respeito da natureza das mentes é que não temos uma ideia delas.

Mas não deveria considerar-se como um defeito do entendimento humano que este não perceba a ideia de mente, se é manifestamente impossível que tenha tal ideia. E isso, se não me equivoco, foi demonstrado na Seção 27; ao que ali disse adiciono agora que uma mente se mostrou que é unicamente a substância ou suporte que os seres não pensantes ou ideias podem existir. Mas dizer que essa substância que sustenta ou percebe as ideias é em si mesma uma ideia ou algo como uma ideia seria, evidentemente, absurdo.

136.

Quem sabe se diga que (como alguns imaginaram) carecemos de um sentido apropriado para conhecer as substâncias; e que, se o tivéssemos, poderíamos conhecer nossa própria alma como conhecemos um triângulo. A isso qual respondo que se um novo sentido nos fosse outorgado, só poderíamos receber mediante ele algumas sensações novas ou ideias sensíveis.

E não creio que ninguém se atreva a dizer que o que os termos "alma" e "substância" significam é somente um tipo particular de ideia ou sensação. Considerando devidamente as coisas, podemos, portanto, inferir que, pelo fato de não nos darem uma ideia de mente ou substância pensante ativa, nossas faculdades não são mais deficientes nem censuráveis do que o são para fazer-nos incapazes de compreender um círculo quadrado.

137.

Da opinião de que as mentes têm de conhecer-se do mesmo modo que se conhece uma ideia ou sensação, surgiram muitas teorias absurdas e heterodoxas e muito ceticismo a respeito da natureza da alma. É, inclusive, provável que essa opinião tenha produzido em alguns a dúvida de se tinham uma alma diferente do corpo mesmo, já que não puderam encontrar, depois de pesquisar o assunto, nenhuma ideia dela. Que uma ideia que é inativa e cuja existência consiste em ser percebida tenha de ser imagem ou semblante de um agente subsistente em si mesmo, parece que não precisa refutação, e basta apenas que nos fixemos no que significam essas palavras. Mas quem sabe se diga que, embora uma ideia não possa assemelhar-se a uma mente no que esta tem de pensante, ativo ou subsistente, sim pode sê-lo em alguns outros aspectos; e que não é necessário que uma ideia ou imagem seja em tudo semelhante ao original.

138.

Respondo que, se a ideia não representa os aspectos mencionados, é impossível que seja representada de outra forma. Porque se excluímos o poder de querer, o de pensar e o de perceber ideias, não resta nada que possa assemelhá-la a uma mente. Pois a palavra mente significa uma coisa que pensa, quer e percebe; isto, e somente isto", é o que constitui o significado desse termo.

Portanto, se é impossível que esses poderes estejam em algum grau representados pela ideia, conclui-se evidentemente que não se pode ter a ideia de uma mente.

139.

Mas pode-se objetar que, se não há nenhuma ideia significada pelos termos alma, mente e substância, estes carecerão em absoluto de significado. A isso respondo que essas palavras significam realmente uma coisa real que não é nem uma ideia nem nada parecido, senão uma coisa que percebe ideias, que tem vontade e que raciocina a respeito delas. O que eu mesmo sou, isso que eu denoto mediante o termo "Eu" é o mesmo que está significado pelos termos "alma" ou "substância mental". Se se me diz que isto é só uma disputa a respeito de palavras e que, como os significados imediatos de outros termos foram, por comum consenso, chamados ideias, não se vê por que o significado com os nomes mente ou alma não pode participar desse mesmo apelativo.

A isto respondo que todos os objetos não pensantes da mente coincidem em ser inteiramente passivos e que sua existência consiste em ser percebidos, enquanto uma alma ou mente são seres ativos, cuja existência não consiste em ser percebido, senão em perceber ideias e pensar. É, portanto, necessário, a fim de evitar o engano de confundir naturezas que são inteiramente contrárias e incompatíveis, que distingamos entre mente e ideia. Veja Seção 27.

140.

Num amplo sentido, certamente, pode dizer-se que temos uma ideia, ou melhor, uma noção de mente, isto é, que entendemos o significado da palavra. De outro modo, não poderíamos afirmar nem negar nada a respeito dela. E mais: do mesmo modo que concebemos ideias que estão nas mentes de outros espíritos servindo-nos das nossas e supondo que são semelhantes a elas, assim também conhecemos outros espíritos por meio de nossa própria alma, que nesse sentido é a imagem ou ideia deles, ao estar em relação com outras mentes na mesma medida em que o azul ou o calor por mim percebidos estão relacionados com essas mesmas ideias percebidas por outro.

141.

Não se deve supor que aqueles que afirmam a imortalidade natural da alma são da opinião de que esta é absolutamente incapaz de ser aniquilada, inclusive pelo infinito poder do Criador que num princípio lhe deu a existência; a única coisa que se afirma é que a alma não pode ser descomposta ou dissolvida pelas leis ordinárias da natureza ou do movimento. Sem dúvida alguma, aqueles que sustentam que a alma é só uma débil chama vital ou um sistema de mentes animais, fazem dela algo tão perecível e corruptível como o corpo; pois não há nada mais facilmente dissolvido do que um ser assim, ao qual lhe resultaria impossível sobreviver à ruína do tabernáculo no qual está encerrado. E essa noção foi avidamente abraçada e celebrada pelo pior elemento da humanidade, como o antídoto mais eficaz contra toda traça de virtude e religião. Mas já fizemos ver com clareza que os corpos, quaisquer que sejam sua constituição ou textura, não passam de ideias passivas na mente, a qual é algo mais distante e diferente das ideias, do que a luz o é com relação às trevas.

Mostramos que a alma é indivisível, incorpórea, inextensível e, portanto, incorruptível. Nada resulta mais evidente do que isso: os movimentos, as mudanças, as deteriorações e as decomposições que constantemente vemos que ocorrem nos corpos naturais (e que constituem o que entendemos por curso da natureza), é impossível que afetem uma substância simples e não composta. Um ser assim, portanto, é indissolúvel frente às forças da natureza, isto é, a alma do homem é naturalmente imortal.

142.

Depois do que foi dito, suponho que ficará evidente que o conhecimento de nossas almas não pode atingir do mesmo modo que conhecemos objetos insensíveis e inativos, isto é, que não podemos conhecê-las mediante uma ideia. As mentes e as ideias são coisas tão absolutamente diferentes entre si, que quando dizemos que existem, que são conhecidas, não se deve pensar que estas palavras significam a mesma coisa aplicada a ambas as naturezas. Elas não têm nada em comum; e esperar que em virtude de um aumento ou multiplicação de nossas faculdades sejamos capazes de entender uma mente do mesmo modo que entendemos um triângulo é tão absurdo como se esperássemos ver um som.

Digo isso porque creio que é extremamente necessário para esclarecer várias questões importantes e para prevenir muitos erros perigosos no que se refere à natureza da alma. [A rigor, não se pode dizer, segundo penso, que temos uma ideia de um ser ativo ou de uma ação, ainda que se possa dizer que temos uma noção deles. Eu tenho alguma noção ou conhecimento de minha mente e de seus atos com respeito às ideias, de modo que sei ou compreendo o que significam essas palavras. Do que conheço, eu tenho alguma noção. Não digo que os termos se acreditam e que não se possa utilizar a noção indistintamente, se o mundo decidiu que assim seja. Mas nos leva à clareza e à propriedade no falar, para que distingamos por meio de nomes diferentes coisas que são muito diferentes entre si. Devemos também assinalar que não é apropriado dizer que temos uma ideia de todas as relações que implicam um ato da mente, mas só uma noção das relações e comportamentos de umas coisas com relação a outras. Mas se o uso moderno da palavra ideia fez que esta se aplicasse às mentes e às relações e atos, isso é, depois de tudo, uma questão de tipo verbal][30].

143.

Não será demais adicionar que a doutrina das ideias abstratas teve parte não pequena em fazer com que essas ciências que tratam em particular de coisas espirituais tenham chegado a ser tão intrincadas e obscuras. Os homens imaginaram que podiam formar-se noções abstratas dos poderes e atos da mente e que podiam considerá-los prescindindo da mente ou espírito, bem como de seus respectivos objetos e efeitos. Daí que se tenha assumido que um grande número de termos obscuros e ambíguos relativos a noções abstratas e tenham sido introduzidos na metafísica e na moral; e como consequência disso, teve lugar entre os estudiosos infinitos desvios e disputas.

144.

Mas nada parece ter contribuído mais para a proliferação das controvérsias e erros no que se refere a natureza e operações da mente, que o costume de falar dessas coisas com termos tomados de empréstimo das ideias sensíveis.

Por exemplo, a vontade é chamada o movimento da alma[31]; e isto traz consigo a crença de que a mente humana é como uma bola em movimento impulsionada e dirigida pelos objetos dos sentidos, tão necessariamente como se fosse lançada por um golpe de raquete.

Disso surge uma infinidade de escrúpulos e erros de perigosas consequências para a moralidade. Tudo o que não duvido que poderia esclarecer-se deixando passo franco, uniforme e consistente à verdade, se os filósofos se decidissem se retirar de dentro de si e observassem com atenção o que dizem.

145.

Do que ficou dito resulta claro que não podemos conhecer a existência de outras mentes, por suas operações ou pelas ideias que eles suscitam em nós. Eu percebo uma variedade de movimentos, de mudanças e de combinações de ideias; e tudo isso me informa que há certos agentes particulares semelhantes a mim, que acompanham essas ideias e que contribuem para a sua produção.

Por isso o conhecimento que tenho de outras mentes não é imediato, como o é o conhecimento de minhas ideias, senão que depende da intervenção de ideias que refiro a agentes ou mentes diferentes de mim mesmo, como efeitos ou signos concomitantes seus.

146.

Ainda que haja algumas coisas que parecem convencer-nos, são agentes humanos os que contribuem a produzi-las. No entanto, é evidente que essas coisas que chamamos obras da natureza, isto é, a imensa maioria das ideias ou sensações percebidas por nós, não são produzidas pelos homens nem dependem de sua vontade. Tem de ter, portanto, alguma outra mente encarregada de causá-las, pois seria absurdo supor que possam subsistir por si mesmas. Veja Seção 29.

Mas se consideramos com atenção a constante regularidade, a ordem e concatenação das coisas naturais, a surpreendente magnificência, beleza e perfeição das partes maiores da criação, bem como a extraordinária organização das menores, junto com a harmonia e correspondência que se dá no todo e, mais do que outra coisa, as nunca suficientemente admiradas leis da dor e do prazer e os instintos ou inclinações naturais, apetites e paixões dos animais; se consideramos tudo isto, digo, e ao mesmo tempo prestamos atenção ao significado e conteúdo dos atributos uno, eterno, infinitamente sábio, bom e perfeito, perceberemos claramente que pertencem à mente, isto é, à mente que faz todas as coisas em todos[32] e por quem todas as coisas subsistem[33].

147.

Disto resulta evidente que Deus é conhecido tão verdadeira e imediatamente como qualquer outra mente ou espírito diferente de nós.

Poderíamos inclusive afirmar que a existência de Deus é percebida com muitíssimo mais evidência do que a existência dos homens; e isso é assim porque os efeitos da natureza são infinitamente mais numerosos e consideráveis que os que são restritos a agentes humanos.

Não há nenhuma nota característica do homem, nem nenhum efeito por ele produzido, que não seja uma prova evidente da existência dessa mente que é o Autor da Natureza.

Pois é óbvio que ao afetar outras pessoas, a vontade do homem não tem outro objeto que o movimento dos membros de seu corpo; mas o que esse movimento se veja acompanhado pelo surgir de uma ideia na mente de outro homem, é algo que depende inteiramente da vontade do Criador. É somente ele que, sustentando todas as coisas pela palavra de seu poder[34], sustenta o trato entre as mentes e faz com que estas se percebam mutuamente. E no entanto, essa luz clara e pura que nos ilumina a todos é em si mesma invisível.

148.

Parece ser uma pretensão geral dos que não pensam, que não podemos ver a Deus. Dizem que, se pudéssemos vê-lo como vemos a um homem, acreditaríamos nele e obedecer-lhe-íamos.

Mas acredito que só precisamos abrir os olhos para ver o Senhor Soberano de todas as coisas mais claramente do que a nossos próximos. Não é que eu pense (como fazem alguns) que vejamos a Deus com uma visão imediata, ou que vejamos as coisas corpóreas, não por si mesmas, senão vendo o que as representa na essência de Deus: é essa uma doutrina que a mim, devo confessá-lo, resulta-me incompreensível[35]. Mas explicarei o que quero dizer. Uma mente humana ou pessoa não é percebida pelos sentidos, pois não é uma ideia; portanto, quando vemos a cor, a medida, a figura e os movimentos de um homem, percebemos apenas certas sensações ou ideias suscitadas em nossas mentes; e estas ideias, ao apresentarem-se à nossa consideração em várias coleções diferentes, servem para assinalar-nos a existência de mentes finitas e criadas como nós.

Disso resulta claro que nós não vemos um homem, se por homem quer dizer-se aquilo que vive, move-se, percebe e pensa como nós, senão só uma verdadeira coleção de ideias que nos leva a pensar que há um diferente princípio de pensamento semelhante a nós mesmos, que a acompanha e que é representado por ela. E de igual modo vemos a Deus; a única diferença é que, enquanto uma dessas finitas e reduzidas coleções de ideias denota uma mente humana em particular, onde quer que dirijamos nossa visão percebemos em todo tempo e lugar que se assinalam manifestações da Divindade: tudo o que vemos, ouvimos, sentimos ou percebemos de algum outro modo mediante os sentidos, é um signo ou efeito do poder de Deus, como também o é nossa percepção desses mesmos movimentos que são produzidos pelos homens.

149.

É claro, portanto, que qualquer um que tenha a mínima capacidade de reflexão, nada lhe resultará mais evidente do que a existência de Deus, isto é, de um espírito que está intimamente presente em nossas mentes produzindo nelas toda a variedade de ideias ou sensações que constantemente nos afetam e do qual somos absoluta e inteiramente dependentes. Em breve, um ser em quem vivemos e nos movemos e temos nossa existência[36].

Que a descoberta dessa grande verdade tão próxima e tão óbvia para a mente tenha que ser atingida pela razão de só uns poucos, é triste exemplo da estupidez e intenção dos homens, os quais, ainda que rodeados de tão claras manifestações da Deidade, veem-se tão pouco afetados por elas, que parece como se tivessem sido cegados por um excesso de luz.

150.

Mas se me disser: É que a natureza não tem participação na produção de coisas naturais e nos vemos por isso obrigados a atribuí-las a imediata e exclusiva operação de Deus? A isto respondo: se por natureza se entende só a série visível de efeitos ou sensações impressas em nossas mentes segundo umas leis determinadas e gerais, então é claro que, tomada nesse sentido, a natureza não pode produzir nada em absoluto. Mas se por natureza se entende algum ser diferente de Deus, e diferente também das leis de natureza e de coisas percebidas pelos sentidos, então devo confessar que essa palavra é para mim um som vazio, sem nenhum significado inteligível anexo a ela. Nessa aceitação, a natureza é uma quimera vazia que foi introduzida por esses ateus que carecem de justas noções a respeito da onipresença e da infinita perfeição de Deus. Mas é mais inexplicável do que os cristãos, os quais professaram ter fé nessas Sagradas Escrituras que constantemente descrevem os efeitos naturais da obra imediata de Deus, admitam o que os filósofos ateus defendem habitualmente, isto é, que esses efeitos têm de ser imputados à natureza.

"O Senhor é causa que os vapores ascendam; faz os raios com a chuva; lança o vento dentre seus tesouros", (Jeremias, capítulo 10, versículo 13)[37]. "Torna as trevas em aurora e do dia faz noite escura" (Amós, capítulo 5, versículo 8). "Visita a terra e a resplandece com suas chuvas; abençoa os frutos da mesma e coroa o ano com seus bens, fazendo que os pastos se vistam de gado e os vales se cubram de trigo" (Veja Salmo 65). Mas apesar de que esta é a linguagem que constantemente se usa na Escritura, seguimos tendo não sei que aversão a crer que Deus se ocupa tão proximamente de nossas coisas.

Insensato seria supor uma grande distância de nós e pôr em seu lugar um substituto cego e sem pensamento, quando ele (se podemos crer em São Paulo) não está longe de cada um de nós[38].

151.

Sem dúvida será objetado que os lentos e graduais movimentos que se observam na produção das coisas naturais não parecem ter como causa sua a intervenção imediata de um agente todo-poderoso. Ademais, os monstros, os nascimentos prematuros, os frutos que se jogam a perder antes de madurar, as chuvas que caem em lugares desérticos e as misérias que afetam a vida humana, são outros tantos argumentos que nos dizem que a inteira estrutura da natureza não está imediatamente efetuada e dirigida por uma mente de infinita sabedoria e bondade.

Mas a resposta a essa objeção ficou já bastante clara na Seção 62; pois pode ver-se que os antes mencionados métodos da natureza são absolutamente necessários para operar segundo as regras mais simples e gerais de uma maneira firme e consistente. Tudo isso é argumento em favor da sabedoria e bondade de Deus. Tal é o artificial planejamento dessa grande máquina da natureza, que enquanto seus movimentos e fenômenos variados golpeiam nossos sentidos, a mão que põe em marcha o todo é em si mesma invisível para os homens de carne e osso. "Em verdade (diz o profeta) tu és um Deus que se esconde" (Isaías, capítulo 45, versículo 15). Mas ainda que Deus se esconda a si mesmo aos olhos do sensual e do preguiçoso que não faz o menor esforço de pensamento, nada pode ter mais claro e legível para uma mente atenciosa e sem preconceitos, que a presença íntima de uma mente absolutamente sábia que modela, regula e sustenta o sistema da existência.

Do que já temos observado em outra parte, é claro que o operar de acordo com leis gerais e estabelecidas é algo tão necessário para que possamos guiar-nos nos assuntos da vida e penetrar no segredo da natureza, que, sem isto, todo o alcance e a amplitude do pensamento, toda sagacidade e planejamento humanos não poderiam servir a propósito algum; seria até impossível que existissem estas faculdades e poderes da mente.

Veja Seção 31. E só essa consideração bastaria para compensar com vantagem quaisquer inconvenientes particulares que disso pudessem derivar.

152.

Ademais, deveríamos ter em conta que até as imperfeições e defeitos da natureza não carecem de utilidade, enquanto constituem uma grata espécie de variedade e dão realce à beleza do resto da criação, de igual modo como as sombras de uma pintura servem para destacar suas partes mais brilhantes e luminosas. Assim mesmo, faríamos bem em examinar se atribuir a uma imprudência do Autor da Natureza que se joguem a perder as sementes e os embriões, e a acidental destruição de plantas e animais antes que atinjam a maturidade, não é efeito de um preconceito que adquirimos por estar em contato com os débeis e mesquinhos mortais. No homem, uma administração dessas coisas que não pode obter-se sem grandes sofrimentos e trabalhos, poderia ser considerada, certamente, como um sintoma de prudência. Mas não devemos imaginar que a produção da delicadíssima máquina de um animal ou um vegetal custa ao Criador mais trabalho do que a produção de uma pedrinha. Pois é evidente que uma mente onipotente pode produzir tudo por meio de um simples *fiat* ou ato de sua vontade. Disso resulta claro que a esplêndida profusão de coisas naturais não deve interpretar-se como uma debilidade ou prodigalidade no agente que as produziu, senão que muito mais devem ser olhadas como um argumento em favor da riqueza de seu poder.

153.

E quanto a esse elemento de dor ou incômodo que existe no mundo e que vai unido às leis gerais da natureza e às ações de mentes finitas e imperfeitas, isso é algo que, em nosso estado presente, resulta indispensável e necessário para nosso bem-estar.

O que ocorre é que nossa perspectiva é demasiado estreita; pensamos, por exemplo, na ideia de uma dor particular e chegamos à conclusão de que é um mal; mas se alargamos nossas vistas até o ponto de abarcar os variados fins, conexões e dependências das coisas, e consideramos em que ocasiões e em que medida somos afetados pela dor e o prazer, a natureza da liberdade humana e o desígnio com o que fomos postos no mundo, então nós nos veremos forçados a reconhecer que essas coisas particulares que, tomadas em si mesmas, parecem ser más, têm natureza de boas quando as consideramos vinculadas a todo o sistema dos seres.

154.

Do que se disse ficará manifesto para qualquer pessoa judiciosa, que é somente por falta de atenção e de amplitude mental, que podem encontrar-se tantos que favorecem o ateísmo ou a heresia maniqueísta[39]. As almas mesquinhas e atordoadas poderão, certamente, ridicularizar as obras da providência, a beleza e a ordem que são incapazes de apreciar ou que não querem fazer o esforço de compreender.

Mas aqueles que estão em posse de uma justa e extensa capacidade de pensamento e costumam usá-la em suas reflexões, não poderão nunca deixar de admirar as impressões divinas de sabedoria e bondade que brilham por toda a parte na economia da natureza.

Pois que outra verdade poderá ter que brilhe tanto diante da mente, que nem sequer distanciando dela nosso pensamento e fechando voluntariamente os olhos talvez poderíamos evitar vê-la?

É, portanto, estranhar que a generalidade dos homens que se afanam em negócios ou prazeres e estão pouco acostumados a fixar ou abrir os olhos de sua mente, não tenham toda essa convicção e evidência da existência de Deus que deveria esperar-se das criaturas racionais?

155.

O que muito mais deveria ser estranho para nós é que se possam encontrar homens tão estúpidos para descuidarem-se e não serem capazes de convencer-se de uma verdade tão evidente e importante. E no entanto, assusta que haja muitas pessoas com talento, que desfrutam de lazer, que vivem em países cristãos e que, no entanto, como consequência de um descuido supino e horroroso, caíram numa espécie de ateísmo.

É absolutamente impossível que uma alma penetrada e iluminada por um profundo sentido da onipresença, santidade e justiça desse Mente Todo-poderosa, persista sem arrependimento em violar suas leis. Devemos, pois, meditar e refletir com esforço nesses pontos de tão capital importância, para poder atingir, sem escrúpulo algum, a convicção de que os olhos do Senhor estão em todas as partes observando os maus e os bons;[40] que está conosco e nos protege onde quer que vamos e nos dá pão para comer e vestidos para vestir[41]. Uma visão clara dessas grandes verdades, sem dúvida encherá nossos corações de uma medrosa circunspeção e um santo temor, que são os mais fortes incentivos para a virtude e a melhor defesa contra o vício.

156.

Porque, depois de tudo, o que merece o primeiro lugar em nossos estudos é a consideração de Deus e de nosso dever. Promover ambas as coisas foi a principal intenção de meu projeto e de meus esforços, os quais estimarei completamente inúteis e estéreis se, com o que disse, não pude inspirar em meus leitores um mínimo sentido da presença de Deus; tendo mostrado a falsidade ou vaidade dessas infrutíferas especulações nas quais principalmente se ocupam os eruditos, foi também meu propósito dispô-los melhor a reverenciar e abraçar as saudáveis verdades do Evangelho, verdades cujo conhecimento e prática constituem a mais alta perfeição da natureza humana.

NOTAS

(1) Esta dedicatória não aparece na segunda edição.

(2) Referência ao *Trinity College* de Dublin, onde exerceu funções de catedrático.

(3) Omitido na segunda edição.

(4) O filósofo em questão é John Locke, em cujo Ensaio sobre Entendimento Humano citará Berkeley logo a seguir.

(5) Este parágrafo entre colchetes foi adicionado por Berkeley na segunda edição da obra.

(6) A alusão é dirigida a Locke.

(7) A parte II não chegou a ser publicada.

(8) Seu ser consiste em ser percebidas.

(9) O texto entre colchetes aparece na primeira edição.

(10) Num verdadeiro sentido esta distinção foi originalmente introduzida pela filosofia escolástica e depois foi adotada por Locke nos termos recolhidos aqui por Berkeley.

(11) A jarda consta de três pés e cada pé consta de doze polegadas.

(12) Veja Locke, *Ensaio sobre o entendimento humano*, II, xvi, 1.

(13) Este parágrafo entre colchetes foi adicionado por Berkeley na segunda edição da obra.

(14) O original diz "*of exciting ideas exclusive of volition*". Berkeley insiste aqui no que acaba de expor: que não há ideias que *de per si* suscitem nada, porque as ideias não são ativas. Só a vontade (mente) é suscitadora, mas não é uma ideia.

(15) Segundo a terminologia da Lógica tradicional, a compreensão de uma ideia é o conjunto de notas que a constituem; e a extensão de uma ideia é o conjunto de objetos de sua imagem. Um corolário desta divisão é que quanto mais compreensiva é uma ideia, menor é sua extensão. A ideia de "animal", por exemplo, é de maior extensão do que a ideia de "homem", e esta tem, por sua vez, maior compreensão do que aquela.

(16) *Essay towards a new Theory of Vision.*

(17) Os "tais ou quais atos" a que se refere Berkeley aqui seriam os de imprimir movimento a nossas mãos ou a qualquer outra parte do corpo para tocar, isto é, para experimentar sensações tangíveis.

(18) Berkeley está aqui se referindo, e no que resta da Seção 53, à explicação causal que costuma receber o nome de *ocasionalismo*. Deus seria, segundo essa doutrina, a verdadeira causa eficiente de todas as coisas, mas servindo-se de causas indiretas ou ocasionais. O conceito de causa indireta – *Causa indirecta dicta ou occasionaliter dicta* – é de origem tomista; foi mais tarde adotado pelo cartesianismo e, muito especialmente, por Nicolás Malebranche (1638-1715). Veja, por exemplo, sua obra *Entretiens sur la métaphysique*, VII, 11-13.

(19) Seções 29, 30, 33 etc.

(20) Tal é a definição do conhecimento verdadeiro segundo a tradição aristotélico-tomista: uma adequação entre o entendimento e a coisa, considerada esta, em último termo, como algo independente da mente e com existência própria.

(21) A passagem entre colchetes foi adicionada na segunda edição da obra.

(22) A referência a epicúreos e hobbesnianos, aqui explícita sob o argumento central de Berkeley. Epicuro (341-270 a. C.) e Thomas Hobbes (1588-1679) entendem que o universo se reduz a matéria em movimento. Epicuro admite a possível existência dos deuses, mas não crê que estes se interessem pelo mundo. Quanto a Hobbes, ainda que nunca fez

profissão do ateísmo, as consequências últimas de sua filosofia apontam para a materialidade de Deus, caso de que fora necessário admitir sua existência.

(23) Os socinianos foram seguidores de Fausto Sozzini (1539-1604).

(24) Descartes e Spinoza não o entenderam assim. Ambos negam, ou a existência das causas finais, ou a conveniência de pesquisar nelas.

(25) O experimento a que Berkeley se refere é o proposto por Newton.

(26) Intrincadas bagatelas.

(27) Isto é, seu valor estritamente numérico, e o valor que representa seu lugar dentro de uma quantidade. Por exemplo, o valor simples de 3 equivale a três unidades, mas na cifra 365, o "3" equivale a trezentas unidades, ao ocupar o lugar das centenas.

(28) É óbvio o uso irônico que Berkeley está fazendo aqui destas palavras.

(29) Os *minima sensibilia* são as quantidades menores que podem ser sensivelmente percebidas.

(30) Esta passagem entre colchetes foi adicionada à segunda edição da obra.

(31) Berkeley está aqui de novo pensando em Hobbes, a quem já aludiu na Seção 93.

(32) 1 Coríntios, 12:6.

(33) Colossenses, 1:17.

(34) Hebreus, 1:3.

(35) Veja Malebranche, *Recherche de la vérité*, Li. 3, Parte 2, Cp. 6.

(36) Atos dos Apóstolos, 17:28.

(37) A tradução desse texto em Almeida-Fiel é a seguinte: Fazendo ele soar a sua voz, logo há rumor de águas no céu, e faz subir os vapores da extremidade da terra; faz os relâmpagos para a chuva, e dos seus tesouros faz sair o vento.

(38) Atos dos Apóstolos, 17:27.

(39) Para os maniqueus, seguidores de Mani (216-276) o mundo está governado pelos dois princípios antagônicos do bem e o mal.

(40) Provérbios, 15:3.

(41) Gênese, 28:20.

Impressão e Acabamento:
Gráfica Oceano